나는 뉴욕의 거리 전도자

나는 뉴욕의 거리 전도자

지용훈

규장

몸으로 천국 복음을 전하는 구령의 사람

저는 필리핀과 보스턴에서 노방전도를 하면서 복음 앞에서 무릎을 꿇고 눈물을 흘리며 돌아온 수많은 사람들을 보며 한 영혼을 위해 복음을 전파하는 한 사람의 역할이 얼마나 중요한지를 직접 체험했습니다.

지용훈 목사님이 살아온 삶의 궤적을 따라가다보면, 장인(匠人)이 자신의 삶과 혼을 불어넣어 최고의 작품을 만들 듯, 그에게 음악과 찬양 그리고 구원의 체험과 신앙훈련을 불어넣고 거기에 마지막 손질을 가하듯 영혼 구원의 열정을 불어넣어 그를 하늘의 악기로 만드신 하나님의 섭리를 볼 수 있습니다.

하나님께서는 그에게 여호사밧의 찬양의 군대를 일으키는 꿈을 주시고 뉴욕으로 보내셔서 열방과 이스라엘을 구원하며 중보하는 일에 사용하고 계십니다. 영혼 구원의 열정이 식어가는 이 시대에 주님과의 놀라운 사랑의 고백을 하늘의 오페라로, 평생 잊을 수 없는 찬양의 아리아로 선사하는 지용훈 목사님은 내 영혼을 흔들어버린 능력의 전도자입니다.

복음 전파에 삶을 건 전도자여
매연에 절은 맨해튼 공기조차 심호흡 맑게 해주는
영혼의 청량제로 바꾸고
돌처럼 굳은 마음이라도 하늘 가르는 천상의 목소리로

택함받은 영혼을 결코 놓치지 않고 구원의 감격을 전하는
복음의 전사, 불타오르는 거리의 전도자
기쁨의 눈물샘 터트리며 가는 그 자리에
생그런 복음의 열정 온 열방에 퍼져가네

나는 그를 사랑하기에 늘 이렇게 기도합니다.
'주님! 그가 평생 주를 향한 사랑을 잊지 않고 변함없는 전도자로 주
님 오시는 그날까지 온전히 서게 하소서!'

엘리야 김(김종필) 목사(보스턴 임마누엘 가스펠센터 바이탈리티 프로젝트 소장)

광야에서 부르는 신령한 노래

뉴욕 맨해튼에서 지용훈 목사를 촬영한 적이 있다. 예수님의 십자가
와 보혈의 복음을 적은 작은 피켓을 들고, 지칠 줄 모르는 열정으로 노
래하고 복음을 전하며 그 땅을 밟고 간구하는 그에게서 갈보리의 황토
빛 언덕을 느꼈다. 그는 물과 피를 다 쏟으시고 살과 뼈를 다 부수어 우
리를 신부로 삼으신 그리스도의 사랑을 아는 자였다.

우리는 한순간에 친구가 되었고 다시 오실 주님의 길을 예비하는 동
지(同志)가 되었다. 온갖 외형과 자아의 확장과 자기 의(義)로 치달아가
는 위선의 시대에 지용훈 목사의 간증은 우리를 갈보리로, 갈릴리로,
뜨거운 주님의 파토스(pathos)로 견인한다. 비록 약하고 누추하고 발 시
리던 지난 시절조차 광야에 서신 그리스도를 닮은 신령한 노래로 변주
하게 한다.

김우현(다큐멘터리 감독)

하나님께 헌신된 전도자

예수님께서 승천하실 때 제자들에게 마지막으로 부탁하신 말씀은 "땅 끝까지 이르러 내 증인이 되라"라는 것이었습니다. 2천 년이 지난 지금도 예수님께서 부탁하신 복음 전파의 사명을 다하는 사람들이 많습니다. 그중에서도 저는 지용훈 목사님이야말로 하나님께 헌신된 전도자라고 감히 말씀드리고 싶습니다.

저는 지 목사님과 함께 많은 시절을 보냈습니다. 지 목사님이 집사 시절 처음 전도를 하게 된 모습, 주의 종으로 부르심을 받는 모습, 이스라엘의 중보자와 미국 선교사로 부르심을 받는 모습과 현재의 사역에 이르게 된 모습 등 오랜 시간 가운데 함께 고민하며 기도했던 아름다운 추억들이 있습니다. 이 책은 전도자들의 헌신과 소명에 대한 이야기 중에서 가장 진솔하고 아름다운 내용이 담겨진 책입니다.

또한 전도는 왜 해야 되는지 특히 교회의 부흥과 영혼구원을 위해 품어야 할 마음과 생각은 어떠해야 하는지에 대해 목회자, 소명자, 직분자, 청년 사역자 및 평신도들에게 새로운 도전과 용기를 줄 것입니다.

박충남 목사(David Cho Evangelistic Mission 국제국 국장)

하나님의 부르심만 따라가는 사람

나의 오래된 기도제목 중 하나는 하나님의 임재가 있는 곳, 하나님의 역사가 씌어지고 있는 곳에 나도 있었으면 하는 것이었다. 그 기도의 응답으로 내 부족함과 연약함에도 불구하고 하나님의 사람들을 만나 함께 주님의 영광과 역사를 노래할 수 있었음에 오늘도 깊이 감사드린다.

그 만남 중에 지용훈 목사님을 잊을 수 없다. 목사님은 잃어버린 영혼을 향한 아버지의 심장을 가지고 도시의 한복판에서 복음을 노래하며 선포하는 하나님의 사람이었다. 많은 사람들을 만났지만 사람의 부르심이 아닌 하나님의 부르심을 따라가는 '하나님의 그 사람'을 만나게 되어 얼마나 기쁘고 감사한지 모른다.

나는 비가 오는 브루클린과 맨해튼 그리고 뉴욕의 지하철에서 각 나라의 언어로 복음을 선포하며 노래하는 야성의 전도자와 하루 종일 그 땅을 함께 밟으며 하나님나라를 꿈꾸었다. 오직 하나님만을 기쁘시게 하기 위해 십자가를 부끄러워하지 않고, 유대인에게는 구세주로 이 땅에 오신 예수님을, 외롭고 무너진 자들에게는 지금도 살아계시고 역사하시는 주님을, 이 땅에 소망을 두고 사는 이들에게는 곧 다시 오실 주님을 전하는 지 목사님은 분명 이 시대의 광야의 외치는 소리다.

이 책을 읽는 모든 이들이 잃어버린 영혼을 향한 주님의 심장을 되찾게 되기를, 주님이 부르시는 곳으로 기쁘게 믿음의 발걸음을 내딛기를, 그리하여 신(新)사도행전의 삶을 이루기 바란다.

송정미(CCM 아티스트)

영광의 찬송이 된 사람

지용훈 목사님을 처음 알게 된 것은 여의도순복음교회에서 사역하던 15년 전입니다. 하나님의 말씀 앞에 새벽이슬같이 순전하였던 청년 지용훈 형제가 이제 하나님의 군대 장군처럼 맨해튼 거리 한가운데 우뚝 서 있는 것을 보게 됩니다.

그의 간증은 하나님의 나라를 이 땅 가운데 이루어가시는 그분의 영광을 찬양하게 합니다. 갈라디아서 2장 20절의 말씀을 통해 그리스도 안에서 내가 십자가에 못 박히고, 그리스도 예수께서 내 안에서 친히 사시는 삶의 고백이 담긴 이 책이 마치 하나님의 영광을 찬양하는 찬송같이 들립니다.

"모든 일을 그의 뜻의 결정대로 일하시는 이의 계획을 따라 우리가 예정을 입어 그 안에서 기업이 되었으니 이는 우리가 그리스도 안에서 전부터 바라던 그의 '영광의 찬송'이 되게 하려 하심이라."(엡 1:11,12)

이 책을 읽는 많은 이들이 하나님나라의 '영광의 찬송'을 듣게 될 것입니다. 지용훈 목사의 찬양의 소리만큼 아름다운 삶의 간증을 영광의 찬송이 되게 하시는 우리 주 예수님의 이름으로 기쁘게 이 책을 추천합니다.

임창표 목사(순천순복음교회 담임목사)

예배당 밖에서도 하나님을 예배하는 거리 예배자

그는 세상적 성공의 여건을 내려놓은 성악가이다. 그는 여호사밧의 군대 앞에서 행진했던 노래하는 군대처럼 예배당 밖에서도 하나님을 예배하는 거리 예배자이다. 그의 노래는 뉴욕 맨해튼 거리와 지하철에서 누구든지 들을 수 있다. 그의 찬양에는 정통 클래식과 거친 광야에서 외치는 노래가 함께 들어 있다.

오늘날 많은 목회자가 믿는 자들에게만 진리를 나누며 시간을 보내고 있는 동안에, 그는 세계의 축소판 뉴욕 맨해튼에서 전도 피켓을 들고 찬양하며 복음을 전하는 거리 전도자로 더 많은 시간을 보내고 있다.

그는 또한 거리의 중보기도자이다. 그는 세계경제를 주도하는 월스트리트에서부터 세계의 문화와 예술을 주도하는 브로드웨이로 걸어가

며 찬양으로 맨해튼의 하늘을 열고 어두움의 재물과 문화를 붙잡고 있
는 악의 영들을 대적하고 있다.

더 놀라운 것은 이 모든 일들을 혼자 시작했다는 점이다. 사람들을
모아서 사역을 만들어내려는 것도 아니었다. 도대체 뉴욕에서 어떻게
먹고사는지 궁금하지만 주님이 늘 채워주신다며 믿음으로 살고 있다.
비가 오는 어두운 맨해튼 거리에서 정장 차림으로 십자가 피켓을 들고
홀로 걷는 그의 뒷모습을 잊을 수가 없다.

성현경 목사(뉴저지 Gospel Fellowship Church 담임목사)

열정과 눈물의 사람

지용훈 목사님을 생각할 때 언제나 입가에 흐뭇한 미소가 번진다.
함께 미국과 대한민국 곳곳을 다니며 사역하면서 그의 남다른 열정을
익히 알고 있었지만, 그 삶의 발자국들 속에 '이때'를 위한 주님의 준비
하심이 있었는지는 잘 몰랐다. 돌이켜보니 그 웃음이 속없는 웃음이 아
니었음을, 그 열정이 그저 고집이 아니었음을, 그 눈물이 전혀 헤프지
않았음을 알게 된다.

특히 그가 세계의 중심인 뉴욕에 서 있는 것은 세계선교의 흐름에서
볼 때에 매우 중요한 의미가 있다. 왜냐하면 그곳에서 세계경제의 흐름
을 간파하고, 세계종교의 변화를 읽고, 세계인들의 패러다임의 변화를
파악하고 중보하고 있기 때문이다. 헐몬의 이슬이 아론 위에 부어졌듯
이, 에덴에 내리던 생명의 이슬이 지 목사님 위에 부어지길 소원한다.

김용덕 목사(새생활교회 담임목사)

세상의 **중심**에서
복음을 외치다!

맨해튼 거리 교회 담임목사

전 세계 가장 중요한 도시 중 하나이자, 200여 개국 400여 민족
이 모여 사는 도시, 금융과 소비, 문화와 예술, 패션과 미디어의 중
심이라는 별칭들이 붙어 있는 도시가 뉴욕 맨해튼(Manhattan)이다.

나는 이곳에서 6년 전부터 만백성들을 위해 중보하며 세계 열방
전도를 감당해오고 있다. 지금은 일주일에 사나흘은 유대인이 많
이 사는 브루클린(Brooklyn)에까지 가서 주님을 찬양하며, 복음을 전
하고 있다. 특히 세계 금융시장의 중심가인 월스트리트(Wall Street)
에서는 유대인의 자본과 아랍의 오일머니(oil money)가 격돌하는
'돈의 전쟁' 배후에 숨어 있는 맘몬(Mammon, 부와 물욕의 신)의 영
(靈)과 전투를 하며 마지막 때 선교 완성을 위한 부(富)의 이동을 위
해 기도하고 있다. 그리고 브로드웨이(Broadway)를 걸으면서 문화
예술의 배후에 역사하는 악한 영들과 전투를 하며 성령충만한 하

나님의 미디어 군대가 세워질 것을 위해 중보한다.

1990년대 후반 하나님께서 내게 세계선교의 꿈을 주셨을 때 '어느 세월에 그 많은 나라를 다 다닐까?' 막막한 마음이었다. 그런데 하나님은 나를 모든 민족이 모여 사는 도시 뉴욕, 세계적인 관광지 맨해튼의 월스트리트와 타임스스퀘어(Times Square) 및 브로드웨이에 두시고 오히려 세계인들을 비행기에 태워 내 앞으로 보내신다. 전 세계에서 연간 4천만 명이 뉴욕을 방문하니 과연 앉은 자리에서 세계선교를 할 수 있다. 그동안 내게 복음을 듣고 간 세계인들의 국적을 생각나는 대로 적어본다.

영국, 스코틀랜드, 아일랜드, 노르웨이, 스웨덴, 핀란드, 스페인, 네덜란드, 덴마크, 프랑스, 벨기에, 독일, 체코, 그리스, 이태리, 마케도니아, 모로코, 아르메니아, 알바니아, 케냐, 가나, 자메이카, 나이지리아, 남아프리카공화국, 터키, 파키스탄, 인도, 네팔, 방글라데시, 태국, 일본, 중국, 베트남, 오스트레일리아, 뉴질랜드, 가이아나, 칠레, 아르헨티나, 에콰도르, 볼리비아, 도미니카공화국, 엘살바도르, 아이티, 온두라스, 브라질, 쿠바, 캐나다, 그리고 미국의 50개 주(州)에서 온 사람들까지…. 일일이 다 적어놓지 않아 기억하지 못하는 나라들도 많다.

특히 월스트리트에는 이태리, 독일 그리고 프랑스 사람들이 많이 온다. 그들에게 다가갈 때는 음대에서 배운 이태리 칸초네

(canzone), 독일 리트(lied) 그리고 프랑스 샹송(chanson)으로 다가가면 그들의 마음이 쉽게 열려 전도지를 잘 받는다. 그리고 다양한 언어로 아주 간단한 복음을 전하며 복음지를 준다.

"Believe in Jesus. God bless you(예수님을 믿으세요. 하나님이 축복하십니다 - 영어권 나라들)!"

"耶蘇愛你(예수님이 당신을 사랑하십니다 - 중국)."

"イエス・キリストを 信じましょう(예수님을 믿으세요 - 일본)."

"Jesu Kristu vai Nambu(예수님을 구주로 믿으세요 - 인도)."

"Jésus t'aime(예수님은 당신을 사랑하십니다 - 프랑스)."

"Gott liebt dich(하나님께서 당신을 사랑하십니다 - 독일)."

"Gesù ti ama(예수님이 당신을 사랑하십니다 - 이태리)."

"Cree en el senor Jesucristo(예수님을 구주로 믿으십시오 - 브라질을 제외한 남미 국가들)."

"Věř v Pána Ježíše(예수님을 믿으세요 - 체코)."

나는 이곳 맨해튼에서 수많은 민족과 세대, 직업인, 종교인 등 다양한 사람들을 만난다. 복음을 듣는 대상에 따라 다르게 접근한다. 불신자에게는 예수 그리스도를 전하고, 예수님을 믿는다고는 하지만 종교적인 신앙인이나 구원의 확신이 없는 이들에게는 십자가의 의미와 하나님의 긍휼과 은혜에 대해 설명한다. 타락한 크리스천들에게는 위로와 격려와 권면을 하기도 한다. 또한 구원의 확신은 있지만 성령님을 잘 모르는 사람들에게는 성령님에 대해 소개해준다. 성령님을 안다고 하면서도 전도를 하지 않는 사람에게는 전도의 도전을 주기도 한다.

이미 성령충만한 전도자를 만나면 그 자리에서 포옹을 하고 서로 기도하며 연락처를 주고받고 교제하게 된다. 그동안 거리에서 받은 전도자들의 명함만도 수십 장이다. 이렇게 하다보니 실로 거리가 내 교회이며, 나는 '맨해튼 거리 교회' 담임목사가 된 기분이 들기도 한다.

복음 전파의 첨병

2010년 봄 어느 날이었다. 규장 대표라는 분이 전화를 주셨다. 털털한 목소리에 금방 친근감이 들었다.

"허허허, 반갑습니다. 저희 직원 모두가 아침마다 지용훈 목사님을 위해 기도하고 있습니다."

책을 내자는 제안보다 더 감사하고 놀랐던 말이 바로 기도하고 있다는 말이었다. 언제부턴가 누군가 날 위해 기도하고 있음을 분명히 믿었지만 요즘 들어 분에 넘치는 사랑을 자주 확인하게 된다. 개인 홈페이지와 이메일뿐 아니라 집회를 통해서, 타주(他州)와

타국, 한국에서 맨해튼을 직접 방문하는 분들을 통해서도 자주 듣는다.

"지 목사님을 위해 기도하고 있습니다."

나 혼자 하는 것이 아니었다. 난 행군의 맨 앞에 서는 첨병으로 부름받은 총알받이일 뿐이었다. 전쟁의 승패를 결정하는 중요한 공격은 군함에서 쏘는 함포와 요격미사일이다. 중보기도는 요격미사일과 같다. 나는 그저 잃어버린 영혼들을 찾아 한 걸음씩 가다가 중보기도의 화력이 오래 전부터 모아지고 있었던 뉴욕 맨해튼 월스트리트로 어리바리 흘러들어갔고, 성령께서 그 중보기도를 모아 친히 행하신 일들을 체험했을 뿐이다.

언제부턴가 내 별명은 '어리바리'가 되었다. 어떤 생각이 떠오르면 믿음으로 선포해버리고 그 말이 현실에서 이루어지는 놀라운 일들을 체험하기 시작했다. 어차피 내가 하는 것이 아니고 성령께서 하시는 것이기에 일의 결과가 좋지 않으면 '난 어리바리니까' 하고 금방 털고 일어나고, 일의 결과가 좋으면 '난 어리바리라서 내가 한 것이 아니니까' 하고 일하신 성령님을 찬양하는 식으로 살고 있다. 그런 신앙고백의 의미가 그 별명 속에 숨어 있다. 성령 안에서 자유를 누리는 나만의 방법이라고나 할까? 그래서인지 '어리바리'라는 별명이 싫지 않다.

주님과 함께 걸어온 길

글을 쓰려고 컴퓨터 앞에 앉으니 '나같이 작은 자가 무슨 책을…' 하는 생각이 들었다. 주변에 있는 하나님의 사람들과 비교가 되면서 나 자신이 자꾸만 작아지는 것을 느꼈다. 하지만 어차피 내가 한 것이 아니기에, 나를 나타내고자 함이 아니기에 오직 성령님만을 높이고 싶은 마음으로 용기를 냈다. 내 삶 속에서 세밀하게 일하신 그분을 노래하고 싶고, 나의 작은 나눔을 통하여 이 시대를 향한 하나님의 뜻이 조금이라도 전달된다면 그것으로 만족한다.

이 글을 쓰며, 나의 삶 가운데 역사하셨던 하나님의 발자취를 기록해둔 두꺼운 노트들이 십여 권 꽂혀 있는 책장을 보았다. 더 많은 일을 책에 담을 수 없었던 아쉬움이 있다. 하나님께서 인도하신 일들이 기록된 노트를 바라보고 있는데 하나님의 음성이 들리는 것 같다.

'내가 너와 함께 걸어왔다. 내가 지금 너와 함께하고 있고, 영원히 너와 함께할 것이다. 사랑한다. 아들아, 그리고 간증을 통해 나를 증거하고 찬양해줘서 고맙다.'

"오직 하나님, 당신만이 높임을 받으소서!"

맨해튼 거리에서 지용호

음악
그리고 **주님과의 만남**

두려움 속에 심겨진 소망의 씨앗

나는 1963년에 서울에서 태어나 세 살 때부터 어머니의 손을 잡고 서대문 순복음중앙교회에 다니기 시작했다. 어린 시절에는 주일학교 결석 횟수가 거의 없을 정도로 교회 생활에 열심이었다. 노래하기를 좋아해서 초등학교 때부터 줄곧 성가대에서 봉사했다. 고등부 때는 성가대와 함께 중창단 활동을 했다. 그때의 활동이 지금의 나의 모습을 만들어준 중요한 동기였다.

그러나 서른 살이 다 되도록 구원의 확신은 없었다.

"너는 구원의 확신이 있니?"

교회 안에서 이런 곤란한 질문을 들으면 확신이 없으면서도 있다고 대답하곤 했다. 그러면서 착실히 교회는 다녔다.

　고등학교를 졸업하고 대학에 입학하면서부터 세상적인 향락에 깊이 빠져들었다. 아버지의 권유로 선택한 토목공학은 적성에 맞지 않았다. 1학년 때는 그런대로 버텼지만, 전공을 배우기 시작하는 2학년이 되면서 학교생활에 더욱 적응을 하지 못했다. 급기야 2학년 2학기 때에는 0.98이라는 놀라운 학점을 받으며 학사 경고를 받았다. 당시는 학사 경고를 두 번 연속 받으면 자동으로 퇴학 처리가 되는 때였다.

　학업을 더 이상 계속할 수 없었다. 현실을 도피하고 싶은 마음에 3학년 1학기에 휴학을 하고 현역으로 군에 입대했다. 하지만 이등병 때부터 제대 후의 삶에 대한 두려움이 몰려왔다. 당시 군대 동기들 이런 나를 이해하지 못했다.

　"제대? 그날이 오냐? 까마득하다, 까마득해."

　난 제대 후에 토목공학을 계속 전공하고 싶은 마음이 조금도 없었다. 하지만 딱히 다른 꿈이 있는 것도 아니었다.

　'평생 내가 하고 싶은 것을 하면서 재미있고 보람되게 살 만한 일은 없을까?'

　군 생활 내내 미래에 대해 고민을 했다. 그러던 어느 날 한 가닥 희망의 빛이 비치는 일이 생겼다. 1985년 상병이 되던 해 생일날이었다. 동기인 송춘종 상병이 나에게 다가왔다.

"지 상병, 너는 대중가요 가수보다는 성악가가 더 어울릴 것 같아."

그러면서 그는 노란색 표지로 된《한국 가곡 123선》이라는 책을 선물로 내밀었다. 부대에서 회식이 있을 때마다 노래 실력을 뽐내기도 했고, 외박 나왔다가 귀대할 때 가지고 들어간 기타를 치며 노래 부르던 나를 그가 지켜봐왔던 것이다. 그것은 결코 우연이 아니었다. 아무런 꿈도 없었던 나의 마음에 소망의 씨앗이 심겨지고 있었다.

인생을 바꾼 음악회

어느덧 말년 휴가가 찾아왔다. 부대를 빠져나온 나의 발걸음은 나도 모르는 사이에 모교회인 여의도순복음교회로 향했다. 내게 제대는 기쁨보다는 두려움이었기에 막연하나마 하나님께 기도해야겠다는 마음이 들었고, 금요철야예배로 발걸음을 옮긴 것이다. 그날이 난생 처음 철야예배에 참석한 날이었다고 기억한다.

예배 시작 한 시간 전쯤 교회에 도착했다. 대성전에서는 아주 훌륭한 합창 음악이 흘러나오고 있었다. 당시 최고 실력자들로 구성된 최초의 프로 합창단인 '대우합창단'의 소리였다. 그들은 16세기 바로크 음악을 선보였는데 나는 그 합창 소리를 들으면서 엄청난 감동과 충격을 받았다.

'내가 해야 할 것이 바로 저것이다!'

1년 전 송 상병을 통해 성악 공부를 권유받을 때 가슴에 심겨진 소망의 씨앗이 단단한 껍질을 깨고 싹을 틔우고 있었다. 그 음악회는 나를 향한 하나님의 연출이 틀림없었다. 그날의 음악회로 인해 인생이 바뀐 사람이 나 말고 또 있을까? 아름다운 음악에 감동받은 사람은 많았겠지만, 나처럼 인생 자체에 전환점을 맞이하게 된 사람은 없었을 것이다. 하나님께서는 나의 말년 휴가의 첫걸음을 철야예배로 향하게 하셨고, 아름다운 합창 소리를 들으며 음악을 전공하도록 결심하게 하셨다.

나는 제대 후 스물다섯 살의 늦은 나이로 대학 입시를 다시 준비하기 시작했다. 예상대로 아버지께서는 강하게 반대하셨다. 하지만 끈질긴 설득 끝에 결국 부모님의 허락을 받아냈다. 어머니께서 피아노를 사주시면서 말씀하셨다.

"1년만 열심히 해봐라. 기회는 단 한 번뿐이다. 떨어지면 즉시 이 피아노는 팔아버린다."

어머니의 말씀은 내게 배수의 진과 같은 역할을 했다. 굳은 각오로 나는 성악 공부를 시작했다. 나는 가장 먼저 성악을 전공하는 친구에게 도움을 받아 레슨 선생님을 찾아가게 되었다. 오디션을 받기 위해 그 선생님이 운영하시는 생음악 카페를 찾아갔다. 선생님은 하얀 그랜드피아노 앞에 앉으시며 내게 아는 가곡이 있으면 불러보라고 하셨다. 카페에 손님들도 꽤 많아서 난 좀 당황스러웠지만 뚫고 지나가야 할 첫 관문이라고 생각했다. 그런데 문제는 끝까지 자신 있게 부를 가곡이 하나도 없다는 것이었다.

"아는 가곡이 없는데요."

"그럼 아무 곡이나 좋으니까 한번 불러봐."

당시 가장 자신 있는 곡이 김민기의 〈아침 이슬〉이었다. 곡명을 말하면서 매우 쑥스러웠다.

'성악을 전공하겠다면서 아는 가곡이 하나도 없어서 대중가요를 오디션 곡으로 부르다니….'

선생님은 노래를 다 들으시고 내게 서울대학교를 목표로 하자고 하셨다. 늦은 나이에 힘든 길을 택한 나를 격려하시려는 줄 알고 그저 덤덤하게 받아들였다. 내겐 단지 음악을 공부하는 것 자체가 신나는 일이었다.

다시 시작한 입시 공부

고등학교 때 몇 개월 동안 학원에 다닌 적이 있었다. 그때 군복을 입고 담배를 피우는 학원생들을 많이 봤다. 늦은 나이에 대학입시를 준비하는 그들이 처량하게만 보였는데 내가 바로 그 처지가 되었다.

서울대 음대 입시에는 학력고사 점수도 많이 반영되기에 일반

과목 입시 준비를 소홀히 할 수 없어서 학원 수강 계획을 잘 세워야 했다. 12월에 학력고사를 치를 것을 계산해보니 시간이 빠듯했다. 학력고사만 준비하는 일반 계열이라면 하루에도 여러 과목을 수강할 수 있었으나 실기 연습을 겸하는 나는 그렇게 할 수가 없었다. 각 과목별로 한 번 정도밖에 수강을 할 수 없는 상황이었다. 하지만 분명한 목적을 갖고, 하고 싶은 공부를 하니까 공부가 무척 잘되었다. 고등학교를 졸업한 지 5년이 지났는데도 공부가 예전보다 쉽게 느껴졌다.

"내가 하라는 대로 하면 많은 시간도 필요치 않고 만점을 받을 수 있습니다."

학원 강사들의 이런 말을 다 믿기는 어려웠지만 그래도 믿어보기로 했다. 실기 준비와 학력고사를 병행해야 하는 나로서는 어느 쪽도 소홀히 할 수 없었다. 나는 수업 시간에 최대한으로 집중했다. 선생님들을 믿고 시키는 대로 했더니 실제로 학력고사에서 몇 개의 암기 과목에서 만점을 받는 결과를 얻었다.

성악 레슨을 받을 때도 집요하게 집중했다. 레슨을 받는 도중 선생님의 지적 사항을 일일이 악보의 빈 공간에 적었다. 레슨이 끝나고 연습실을 나올 때 조금 전에 배운 소리를 까먹을까봐 계속 소리를 내며 걸었다. 나는 지나가는 행인들이나 버스 승객들이 쳐다보아도 아랑곳하지 않았다. 그리고 집에 도착하면 즉시 피아노 앞으로 달려가 한 시간 전에 배운 소리를 찾았다. 다음 레슨을 받기까지 일주일 동안 그 소리를 까먹지 않기 위해 최선을 다했다. 그렇게 연습한 후 다음 레슨에 임하면 선생님은 지난 주에 배운 소리를 안 잊어버리고 잘 기억해왔다고 칭찬해주셨다.

레슨이 거듭될수록 악보의 각 마디 위아래 부분에 메모 내용이 많아졌다. 거의 모든 마디마다 지적 사항이 있었다. 그 다음 레슨을 맞이하기 전에 지적받은 모든 사항들을 수정하여 연습하려고 최대한 노력했다. 그렇게 처음부터 끝까지 지적 사항을 이행하여 완벽하게 연습하기를 수백 번 반복했다.

'37'의 기적

가을이 되어 입학 원서를 쓰는 시기가 되었다. 나는 원서를 접수하기 몇 달 전부터 특별한 시간들을 보냈다. 어느 날 버스를 타고 가다가 창밖으로 반대편 차선에 서 있는 '37번 상진운수' 버스를 보았는데 그 '37'이라는 숫자가 머릿속에서 사라지지 않았다. 희한하게도 틈만 나면 그 숫자가 떠올랐다. 그래서 난 아예 그 숫자를 수험 번호로 생각하고 날마다 합격자 발표장에서 '37 지용훈'을 찾고 기뻐하는 상상을 하기 시작했다. 어떤 날은 그 장면이 꿈에 나타나기도 했다.

몇 달 동안 37과 씨름하고 난 뒤 원서를 들고 서울대학교로 향했다. 원서 접수 장소는 체육관이었다. 체육관으로 들어서자 나무 합판으로 만들어놓은 접수창구들이 눈에 들어왔다. 1번 법과대학 창구로부터 모든 과의 접수창구마다 번호가 매겨져 있었다. 창구를 차례로 훑어가다가 음악대학 성악과 접수창구 앞에 이른 순간 나는 전율을 느꼈다. 창구 번호가 바로 '37'이었다. 그 앞에서 나는 한동안 멍하니 서 있었다. 잠시 후 정신을 차리고 반달 모양으로 뚫어놓은 구멍으로 원서를 제출하고, 그 구멍으로 직원이 내 서류를 접수하는 것을 지켜보았다. 접수 대장에 기록하는 것을 보니 내 접수 번호가 17번이었다. 성악과 남자 입학 정원이 17명인데 열일곱 번째로 접수를 한 것이다. 나는 어떤 보이지 않는 힘에 의해 이끌리는 것을 확실히 느꼈다.

원서 접수를 마치고 서울대학교 교정을 내려오면서 하나님의 존재를 처음으로 느꼈다. 나는 그때까지 형식적으로 교회를 다니기만 했지 살아계신 하나님에 대한 직접적인 체험이 없었다. 그런데 '37'이라는 숫자를 통해 하나님에 대한 분명한 체험을 하게 되었다.

'하나님은 정말 살아계시는구나!'

처음으로 영혼 깊은 곳에서 하나님의 음성 같은 것이 들렸다.

'이 세상 끝 날까지 내가 너와 함께하리라.'

하나님과 인격적인 만남은 없었으나 세 살 때부터 교회에 다니며 들었던 하나님의 말씀들이 잠재의식 속에 자리를 잡고 있었던 모양이다. 그 음성을 듣는 순간 내 안에 확신이 생겼고, 입시 결과에 대한 두려움이 사라졌다.

'창조주 하나님께서 나와 함께하겠다고 하시니 입시의 성공과 실패도 두려워할 것이 못 되는구나! 만약 이번 입시에 실패해도 하나님께서는 나를 분명히 당신의 계획대로 좋은 길로 인도하시겠구나.'

그런 생각을 하면서 교정을 내려오는데 나의 뺨에서는 하염없이 눈물이 흘러내렸다.

천사가 불러준 노래

당시 서울대학교 성악과 실기 입시는 다른 대학과 차별화된 부분이 많았다. 다른 대학들이 이태리 가곡 한 곡, 독일 가곡 한 곡 정도로 간단히 시험을 치르는 반면, 서울대는 과목이 훨씬 많았다. 이태리 가곡 한 곡, 독일 가곡 한 곡, 피아노 실기, 시창(視唱, 처음 보는 악보로 노래하는 것), 청음(聽音, 처음 듣는 곡조를 악보에 그리는 것), 그리고 꼰꼬네 등 여섯 과목이었다.

'꼰꼬네(concone)'는 음악성과 목소리를 훈련하기에 적합하게 작곡된 가사가 없는 연습곡집이었다. 꼰꼬네에는 50곡의 노래가 수록되어 있는데 20~40번까지가 시험 범위였고, 실기 시험 당일에 한 곡을 추첨하여 시험을 치르는 방식이었다. 그래서 입시생들은 어떤 번호가 추첨될지 모르기 때문에 21곡 모두 확실하게 숙지해 놓아야 했다.

입시가 임박해왔다. 12월 25일이 학력고사일이었고, 26일부터 실기 시험이었다. 그래서 실기 시험 이틀 전에 마지막 레슨을 받았다. 선생님은 이틀 뒤가 시험이니까 컨디션 조절을 위해 이태리 가곡과 독일 가곡을 한 번씩만 불러보자고 하셨고, 꼰꼬네도 부르고 싶은 한 곡만 부르라고 하셨다. 나는 가지고 있던 꼰꼬네 책을 뒤적였다. 반주자도 꼰꼬네 책장을 이리저리 넘겼다. 그런데 어느 순간 나와 반주자가 동시에 36번 곡을 펼치게 되었다. 나는 우연히 펼쳐진 36번 곡을 딱 한 번 정확하게 부르고 마지막 레슨을 마쳤다.

다음 날 학력고사를 무사히 치렀다. 학력고사에만 매달리며 공부했던 고3 때보다 나이도 많이 들었고 성악 실기를 병행했음에도 불구하고 그때보다 훨씬 높은 점수가 나올 것 같았다. 목적이 있는 삶과 그렇지 않은 삶의 차이였다.

이튿날 실기 시험을 보러 갔다. 내 순서가 되어 시험장으로 들어가 꼰꼬네 곡을 추첨하는 책상 앞에 섰다. 지우개가 달린 쪽을 칼로 깎고 거기에 번호를 써놓은 연필들 중 하나를 뽑는 것이었다. 무심코 뽑아보니 이틀 전에 불렀던 '36번'이었다!

반주자와 나는 36번이 씌어 있는 연필과 서로의 얼굴을 번갈아 쳐다보았다. 나는 눈물을 글썽인 채 노래를 불렀다. 공교롭게도 그 노래는 단조 가락이었다. 또 하나의 기적을 체험한 나는 눈물을 글썽이며 그 느낌을 노래로 표현했는데 아마도 단조 분위기가 한층 더 잘 표현된 듯했다. 실기 평가에 있어서 그 노래의 분위기를 얼마나 잘 살렸는가에 따라 점수의 차이는 아주 크다. 이는 하나님의 위트 있는 연출이 아니고 무엇이었겠는가? 모든 일들이 꿈만 같았다. 노래를 부르고 나오면서 하나님께서 나를 돕고 계신다는 확신이 들었다.

반주자의 반응을 통해서도 보이지 않는 가운데 역사하신 하나님의 도우심을 알 수 있었다. 반주자는 수십 번 레슨에 참여하여 반주를 해주었기 때문에 내 소리를 누구보다 잘 알고 있었다. 이태리와 독일 가곡을 부르고 나오는데 반주자가 말했다.

"지금껏 들어보지 못한 소리였어요. 고음도 그동안 냈던 소리보다 훨씬 좋았어요."

당시에는 몰랐는데 아마도 천사가 내 성대와 몸을 조절해주었던 것 같다. 아니, 천사가 대신 불러주었는지도 모른다.

발걸음을 인도하신 하나님

'최선을 다했다. 나보다 더 잘하는 사람들이 많이 왔다면 할 수

없겠지. 그 결과는 나의 몫이 아니다. 최선을 다했으니 떨어져도 후회가 없다.'

하나님의 도우심에 대한 확신이 합격을 기대하게 하기보다 오히려 합격에 대한 집착을 내려놓게 했다. 그래서 모든 시험을 다 마치고 나는 매우 홀가분한 마음으로 발표를 기다렸다. 그런데 이듬해 1월 4일에 발표할 예정이었던 것이 12월 31일로 앞당겨졌다. 실기 시험을 치를 때조차도 초조함과 불안함을 느끼지 않았는데 발표 시간이 다가올수록 더욱 긴장이 되었다.

발표 당일 일찍 발표장으로 가기 위해 집을 나오려는데 어머니께서 작은형에게 말씀하셨다.

"둘째야, 막내랑 같이 갔다 와라. 쟤가 떨어지면 혼자 얼마나 외롭겠니?"

"아휴, 저 어린애 아니에요, 괜찮아요."

매를 맞아도 먼저 맞는 성격이었던 나는 결과를 일찌감치 알고 싶었다. 그래서 발표가 시작되는 9시에 맞추어 학교로 향했다. 정문을 통과하여 발표 장소인 대운동장으로 들어서서 넓은 운동장을 가로질러 스탠드 쪽으로 발걸음을 옮겼다. 합격자 명단을 기록한 넓은 합판을 붙이고 있었는데 벌써 10여 개의 합판이 붙여진 상태였다. 나는 새로운 합판을 걸고 있는 곳으로 향했다. 그런데 희한하게도 막 붙이려고 하는 그 합판이 음악대학 합격자 게시판이었다. 조금 더 접근을 하니까 '성악과'라는 글씨가 보였다. 천천히 가슴을 졸이며 게시판 쪽으로 더 가까이 다가갔다. 정말 아무 생각도 없이 무의식중에 발걸음을 옮겨놓고 있었다.

뚜벅뚜벅 걸음을 앞으로 옮기며 정확하게 이름을 확인할 수 있는 위치에 다다랐을 때, 나의 이름과 수험 번호가 함께 보이는 것이었다. 텔레비전에서 발표장 광경을 보면 수험생들이 가슴 조이며 자기 이름을 위아래로 훑어가면서 찾는 수고를 한다. 하지만 나는 게시판 앞에서 걸음을 단 1초도 멈추지 않고도 나의 이름을 확인할 수 있었다. 운동장에 처음 진입할 때부터 성령께서는 내 이름을 확인할 수 있는 곳으로 정확히 나의 걸음을 인도하고 계셨던 것이다. 그것은 나이 든 입시생이 발표장 앞에서 타들어가는 심정으로 자기 이름을 몇 초간이라도 찾을 모습을 안타깝게 여기신 하나님의 배려였고, 그것이 나에게는 또 다른 기적으로 여겨졌다.

내 이름을 확인한 순간, 그대로 뒤로 돌아 정신없이 달렸다. 그야말로 폭포수와 같은 눈물이 쏟아졌고 북받치는 울음에 숨을 제대로 쉴 수조차 없었다. 정문을 빠져나와 공중전화로 가서 집에 전화를 걸었는데 어머니께서 받으셨다. 수화기를 붙들고서도 눈물이 멈추지 않았고 턱관절을 통제할 수 없을 정도로 울컥 올라오는 흐느낌에 한 마디도 할 수 없었다. "엄마 나 붙었어!"라고 빨리 말씀드리고 싶은데 말을 할 수 없을 정도였다. 어머니께서는 내가 하도 우니까 "떨어졌구나" 하셨다. 나는 아니라는 말도 못하고 계속 꺼이꺼이 소리내어 울었다. 시간이 좀 지나자 겨우 흥분이 가라앉았다.

"엄마, 나 붙었어요!"

"할렐루야!"

어머니께서 기쁘게 화답하셨다.

예수님을 제대로 만나다

나는 성악가로서 멋진 무대에 서서 이름을 날려보고 싶은 꿈 같은 건 없었다. 그냥 음악을 하는 것 자체가 좋았다. 새로운 대학생활은 정말 재미있었다. 하고 싶었던 음악 공부를 하게 되었기 때문이다. 하지만 스물여섯 살 늦깎이 신입생으로서 학교생활에 적응하기가 쉽지 않았다. 그래서 어린 선배들과 교제한다는 명목 하에 나는 다시 세상의 즐거움을 탐닉하기 시작했다.

기적의 체험들을 통해 원하는 대학에 입학했지만 그 기적들이 나의 신앙을 성장시키는데 전혀 도움이 되지 못했다. 하나님께서 선물을 주실 때 선물을 주신 그분을 더 알고, 더 사랑하고 싶은 것이 주님과 인격적인 만남을 가진 사람의 특징이다. 하지만 나는 십자가를 통해 예수님과 인격적으로 만난 체험이 없었기 때문에,

1988년 서울대 음대 늦깎이 신입생으로 성악과 동기들과.(맨 앞줄 오른쪽 두 번째가 필자)

선물을 주신 하나님께 대한 관심과 사랑이 아니라 선물 자체만을 즐겼던 것이다.

그렇다면 입시 준비를 하면서 주님께 영광 돌리겠다면서 합격시켜달라고 매달리며 잠시 세상적인 습관을 끊고 간청했던 기도는 무엇이었는가? 그것은 내가 원하는 것을 얻기 위해 하나님을 이용한 것이었다.

어느덧 4학년, 서른 살이 다 되어 졸업을 앞두고 진로 문제로 고민에 빠지게 되었다. 늦은 나이에 음악 공부를 시작하려고 할 때 들었던 주위 어른들의 충고가 현실로 다가왔다.

"음악해서 뭐 하려고? 밥 굶기 딱 좋은 직업이야!"

남들이 부러워하는 대학에 입학했어도 정작 분명한 꿈이 없었기에 다시 고민이 시작되었다. 돈 많은 부모를 둔 아이들은 별 걱정 없이 곧 이태리, 미국, 독일로 유학을 떠났다. 얼떨결에 '에이, 나도 유학이나 가자!'라고 했지만 곧장 유학을 떠날 형편은 못 되었다.

그러다가 졸업한 지 두 달이 안 되었을 무렵 성가대 한 자매로부터 소개를 받아 교회 부설 음악연구소에 입사하게 되었다. 당시에는 돈이나 벌어 유학 갈 생각으로 교회에 직원으로 들어간 것이었지만 하나님께서는 내 인생의 전환점이 될 선한 계획을 행하시기 위해 나를 그곳으로 인도하셨다.

나는 교회 직원이 된 뒤에도 여전히 세상 속에서 즐기는 생활을 계속했다. 아침이 되면 교회로 출근해서 일하다가 밤에는 다시 세상 속으로 들어가는 이중적인 삶을 살았다. 그러던 어느 날, 성도들의 헌금으로 살아가는 레위인이 되었다는 것이 내게 큰 짐과 부담으로 다가왔다. 거룩한 헌금으로 나의 육체를 즐겁게 하는데 사용하고 있다는 죄의식이 나를 짓눌렀다.

'나는 과연 진정한 크리스천인가?'

그러자 원초적인 질문이 던져졌다. 돌아보니 27년 동안 크리스천이라고 하면서 성경을 일독도 하지 않은 날라리 신자였다. 그 사실이 너무도 수치스러웠다.

'이래서는 안 되겠다.'

나는 성경을 읽기 시작했다. 은혜를 받기 위해서도 아니었고, 하나님을 알고 싶어서도 아니었다. 단지 하나님의 심판을 모면해 보자는 생각과 성경 일독이라는 훈장을 달고 싶어서였다.

그런데 공교롭게도 당시 음악연구소 내에서 성경을 매일 다섯 장씩 읽고 내용을 요약해서 전도사님께 검사를 받는 말씀 운동이 시작되었다. 창세기부터 읽기 시작했는데 유별나게 인간의 이성으로는 잘 이해되지 않는 내용들이 많았다. 그때마다 나는 실장님께 물었다. 실장님은 성악과 선배였고, 성경 지식이 해박했는데 모든 질문에 대해서 신본주의적인 해석으로 나에게 감동을 주었다.

전에는 마냥 졸리기만 했던 하나님의 말씀이 꿀처럼 달게 느껴지기 시작했다. 창세기 읽기가 다 끝나기도 전에 드디어 사건이 터졌다.

입사한 지 두 달이 되지 않았을 때였다. 여느 때와 다름없이 아침 예배를 드리는데 그날은 실장님이 말씀을 전하셨다. 실장님은 창세기 1장 1절의 '태초'와 요한복음 1장 1절의 '태초'를 비교하면서 요한복음 1장 14절의 말씀이 육신이 되어 오신 예수님을 증거하셨다. 말씀을 마치고 우리는 찬송가 138장(새찬송가 151장) 〈만왕의 왕 내 주께서〉를 불렀다.

만왕의 왕 내 주께서 왜 고초당했나
이 벌레 같은 날 위해 주 보혈 흘렸네
십자가 십자가 내가 처음 볼 때에
나의 맘에 큰 고통 사라져
오늘 믿고서 내 눈 밝았네
참 내 기쁨 영원하도다

오랜 교회 생활에서 수없이 부르던 찬양곡의 가사가 새삼스레 온전히 나의 고백으로 느껴지기 시작했다. 그리고 갑자기 눈물이 비 오듯 쏟아졌다. 나는 비로소 예수님의 죽으심이 나의 죄 때문이었음을 깨닫게 되었다. 과거의 모든 죄가 주마등처럼 지나감과 동시에 그 모든 죄가 다 용서받았다는 구원에 대한 감사와 감격으로 인해 내 입에서 찬양이 터져 나왔다. 하나님의 사랑이 강물처럼 밀려오며 나의 삶은 어두움에서 빛으로 나오게 되었다.

그날 이후 나는 꿀송이처럼 단 성경말씀을 정신없이 읽으며 주의 은혜의 강물에 잠기기 시작했다. 그렇게 말씀에 빠져든 지 두세 달이 지난 어느 날, 술과 담배가 자연스럽게 끊어진 것을 경험했다. 스스로의 힘으로 끊어보려고 수차례 노력했지만 실패했던 일이었다. 그러나 십자가로 인한 예수님과의 인격적인 만남과 말씀을 체험하면서 나는 날마다 씻겨지고 있었다.

새로운 말씀과 예배의 은혜

음악연구소에서 예수님을 인격적으로 만난 후, 신앙 서적을 읽으면서 나는 찬양과 예배의 본질에 대해 연구하기 시작했다. 특별히 예수전도단에서 출간된 예배 관련 서적과 강의 테이프를 통해 큰 깨달음을 얻었다. 예전단의 예배 강의에서 특별히 강조하는 것은 하나님이 찾으시는 예배자로 하나님 앞에 서야 한다는 개념이었다. 설교자조차 예배 중에는 예배자로 서 있어야 한다는 내용이 나의 영혼을 흔들었다. 그리고 그런 예배의 정신을 갖고 목회하는 분을 만나기를 갈망하기 시작했다.

1996년 초가을 어느 주일 오후였다. 사무실에서 무심코 텔레비전을 켰는데 주일 5부 예배가 실황으로 중계되고 있었다. 성가대 찬양이 끝나고 설교자 목사님이 강단에 올라섰다. 교회에서 몇 번 마주친 적이 있는 임창표 목사님이셨다. 목사님은 설교 전에 기도를 하셨다.

"주님, 제가 이 자리에 설교자 이전에 예배자로 서 있기 원합니다."

그 기도를 듣는 순간 하나님께서 목사님을 통하여 내게 무언가를 말씀하실 것이라는 확신이 들었다. 그래서 자세를 가다듬고 필기 준비를 했다.

강단에서 쏟아지는 말씀은 그야말로 은혜의 단비였다. 깊은 감동으로 인해 눈물이 쏟아졌다. 사무실이 갑자기 뜨거운 예배의 현장으로 바뀌었다. 사무실 동료들이 왜 그렇게 우느냐고 의아해 했다. 그날 하나님께서는 임 목사님을 통해 내게 복음을 새롭게 이해하게 하셨다. 그것은 자유의 복음이었다.

새로운 말씀의 은혜 가운데 지내는 동안 연말이 되었고, 성가대 임원을 새로 뽑는 정기총회가 다가오고 있었다. 그런데 성가대 어른들이 나를 총무로 찍어놓았다는 소식을 은밀히 접했다. 나는 초등학교 때부터 고등학교 때까지 줄반장 한번 해보지 않은 사람이었다. 게다가 테너 솔리스트였기에 총무라는 행정 업무를 맡기에는 적합하지 않은 상황이라고 스스로 생각했다. 나는 총무에 뽑힐까봐 총회가 있는 토요일 연습에 의도적으로 불참했다.

'총회에 참석하지도 않은 사람을 뽑을 수는 없겠지.'

그날 밤에 전화가 왔다. 당시 총무였던 명 집사님이셨다.

"용훈아, 너 총무로 뽑혔어."

"어떻게 참석하지도 않은 사람을 뽑을 수 있어요? 말도 안 돼요."

나는 이렇게 항변하면서 속으로 '이런 비인격적인 성가대는 더 이상 나가지 말아야겠다'고 생각했다. 나는 선거 결과를 절대로 인정할 수 없다는 마음으로 주일 새벽에 교회로 향했다. 교회에 도착하니 성가대장 장로님이 내게 축하의 인사와 함께 같이 한번 일해보자고 하셨다. 나는 완강히 저항하고 예배에 참석했다.

당시 나는 예배 속에서 하나님을 알아가고 교제하며 하나님의 말씀에 순종하는 것을 깊이 배우고 있었다. 하나님께서는 예배를 통해 나에게 다가오셨다.

'나를 믿니? 내가 도와주면 할 수 있겠니?'

전능자 하나님께서 도우신다는데 더 이상 할 말이 없었다.

'네, 주님!'

예배 후 장로님께서 다시 다가오셨다.

"그러지 말고 지 선생, 함께 성가대를 잘 섬겨봅시다."

대장님의 권유에 나는 아주 온순한 어조로 대답했다.

"예, 장로님."

장로님은 예배 전과는 완전히 다른 나를 좀 이상하게 보셨을 것이다. 예배는 그만큼 나에게 소중한 것이었다.

십자가의 도를 깨닫다

하나님께서는 성가대 총무 직책을 도구로 나를 '광야학교'에 입학시키셨다. 총무로 섬기면서 이전에는 체험하지 못했던 관계의 어려움들을 통해 사람들을 어떻게 섬겨야 하는지를 배우기 시작했다. 그러는 가운데 내 안에 있는 독소들이 조금씩 빠져나가는 것 같았다.

총무를 맡자마자 성가대 동계 수련회를 가게 되었다. 그 수련회는 주일 5부 예배 설교로 내게 깊은 감동을 주시던 임창표 목사님과 목사님이 일하시던 훈련원 영성훈련팀 교역자들이 진행해 주기로 되어 있었다. 나는 수개월 동안 임 목사님의 설교를 통해 복음에 눈을 떠가고 있었기 때문에 수련회를 통해서 목사님의 메시지를 자세히 듣고 감동을 받을 기대에 부풀어 있었다. 하지만 하나님은 내가 생각한 차원의 은혜를 준비하신 것이 아니었다.

수련회가 시작되자 임 목사님께서 전체 수련회 일정에 대한 오리엔테이션을 하셨다.

"수련회 기간 동안 사역자들이 여러분을 최대한 섬기겠습니다."

나는 의례적인 인사말로 들었다. 그런데 영성훈련이 진행될수록 그것이 빈말이 아니었음을 알게 되었다. 수련회 기간 동안 다섯 개의 강의가 있었는데 임 목사님은 한 번도 강의를 하지 않으셨다. 일반적으로 단체의 리더가 중요한 강의를 맡고 부교역자들은 그를 지원하는 모습만 봐온 터라 그러한 모습이 낯설었다. 임 목사님의 말씀을 더욱 자세히 들을 수 있다는 기대감에 부풀어 있던 나는 실망했다기보다는 오히려 신선한 충격을 받았다.

두 번째 충격은 목사님을 포함한 모든 사역자들이 영성훈련 기간 내내 훈련생들과 함께 앉아 단 하나의 프로그램도 빠짐없이 참석하는 모습이었다. 사역자들은 수십 번의 영성훈련을 인도해왔기 때문에 이미 내용을 다 알고 심지어 외우다시피했을 텐데 훈련생인 우리들 뒤쪽에서 꼼짝하지 않고 앉아 있었다. 나중에 안 사실이지만 모든 사역자들이 훈련생들과 강의자 및 예배인도자를 위하여 쉼 없이 중보하고 있었던 것이다.

사역자들의 그러한 기도와 섬김, 은혜가 넘치는 강의와 예배 그리고 아름다운 나눔들로 인하여 2박 3일 동안 나는 눈물이 마를 틈이 없었다. 나를 포함해서 성가대 전체가 하나님의 은혜로 완전히 뒤집어지는 놀라운 수련회였다. 그리고 임 목사님의 마지막 멘트는 나의 영과 마음에 깊이 새겨졌다. 목사님은 칠판에 다음과 같이 쓰셨다.

"앎에서 삶으로, 자각 그리고 권리 포기."

목사님은 앎이 삶으로 나타나야 하고 자신이 누구인지 자각해야 하며 결국 섬김을 위하여 자기의 모든 권리를 포기할 수 있어야 한다고 강조하시면서 마지막 말씀을 하셨다.

"갈라디아서 2장 20절 한 구절 속에 인생의 모든 문제에 대한 답이 들어 있습니다."

'에이, 무슨 한 구절 속에 모든 문제에 대한 답이 다 있을 수 있어?'

그렇게 반문하면서도 목사님이 뭔가 발견한 것이 있기에 그렇게 표현하셨을 것이라는 생각이 들어서 수련회가 끝나고 나는 갈라디아서 2장 20절에 집중하기 시작했다. 내 연약함을 발견했을 때 율법적인 노력을 하기 전에 그리스도 예수와 함께 십자가에 못 박혔음을 선언하라는 가르침을 적용하기 시작했다. 그것이 무엇을 의미하고 어떤 효력이 있는지 확실히 알지 못한 채 계속 그 말씀을 적용하던 어느 날, 안개가 걷히는 것 같은 깨달음을 얻었다. 나는 즉시 훈련원으로 달려가서 김 전도사님을 만나 체험을 말씀드렸다. 전도사님은 내 말을 듣더니 말씀하셨다.

"용훈 형제, 이제《십자가의 도》를 읽을 때가 되셨군요."

오순절훈련원 사무실에서 나오자마자 나는 교회 서점에 들러 책을 구입해 읽기 시작했다. 책에서 말하는 '십자가의 도'가 완전히 내 것이 될 때까지 읽고 또 읽었다.

책을 통해 나는 갈라디아서와 로마서, 에베소서에서 말하는 십자가의 도가 무엇인지 깨닫게 되었다. 그리고 바울의 서신들이 예수님께서 말씀하신 성령장인 요한복음 14,15,16장과 깊은 연관이 있다는 것을 깨달았다. 십자가는 모든 신앙 성장에 대한 가르침 곧, 중생의 체험, 성화(聖化), 성령충만, 부흥 그리고 영적전쟁에서의 승리의 비결이자 기독교 영성의 핵심이었다.

2

주의
종으로의 부르심

주님, 저도 전도하고 싶어요

나는 1997년 1월 초 십자가의 도를 깨닫고 누리게 되면서 영광스러운 복음을 소유한 기쁨을 혼자만 누리고 있을 수가 없었다. 복음을 전하고 싶었다. 구원의 확신이 있는 자의 당연한 증상이 나타난 것이다. 그러나 용기가 없었고 훈련되어 있지 않았다.

같은 건물에서 근무하시며 전도 피켓을 들고 다니시는 박충남 목사님을 뵐 때마다 '나도 전도하고 싶다'는 소원이 생겼다. 박 목사님은 노방(路傍)전도자이시다. 그는 캐나다 시민권자로서 밴쿠버에서 목회를 하시다가 하나님의 부름을 받고 선교사 신분으로 한국에 오셔서 노방전도를 하고 계셨다.

박 목사님은 1996년에 찬송학교에서 알게 되었다. 음악연구소에서는 성도들에게 찬송가를 가르치는 찬송학교를 운영하고 있었는데 나는 강사였고 목사님은 수강생이셨다. 얼마 후 목사님은 국제신학연구원 소속 전도훈련국에서 섬기게 되셨다. 음악연구소도 국제신학연구원 소속이어서 나는 매일 같은 건물에서 전도 피켓을 들고 다니시는 목사님을 뵐 수 있었고 그때마다 전도하고 싶은 열망이 생기게 되었다.

'주님, 저도 전도하고 싶어요.'

나는 나지막이 주님께 소원을 올려드렸다. 주의 뜻대로 하는 기도는 반드시 응답된다. 드디어 기회가 왔다.

1998년 2월부터 여의도 지역 직장인들을 위하여 새벽기도 2부 예배가 신설되었다. 첫 달은 내가 속해 있는 국제신학연구원에서 새벽기도회를 섬기게 되었다. 나는 원장 목사님 지시에 순종하여 찬양 인도를 맡게 되었다. 의무적으로 하게 되었지만 태어나서 처음 새벽기도에 참석하면서 '하나님께서 뭔가 하실 일이 있나보다'라는 생각이 들었다. 아니나 다를까 새벽기도 첫날부터 하나님의 특별한 만지심이 시작되었다. 그렇게 나는 하루하루 하나님께로 한 걸음씩 더 나아갔다.

새벽기도를 통한 하나님의 은혜에 젖어가던 어느 월요일, 기도회가 끝나자마자 박충남 목사님께서 마이크를 잡으셨다.

"아침 출근길에 교회 건물 사이를 지나가는 불신자 직장인들을 그냥 지나칠 수 없어서 복음을 전하고 있는데 혼자서는 역부족입니다. 값없이 받은 은혜를 그들에게 나누기를 원하는 성도들은 앞으로 나와주시기 바랍니다."

40여 명의 성도들이 모였고, 박 목사님은 교회 주변을 여러 구역으로 나누고 구역마다 사람들을 배치했다. 국제신학연구원 교역자들이 각 구역의 팀장으로 배치되었다. 나는 그 과정을 예배당 자리에 앉아서 지켜보고 있었다. 전도하고 싶은 소원을 하나님께 아뢰긴 했으나 막상 기회가 오니 괜히 자신이 없어지고 망설여졌다.

'다음에 또 기회가 있겠지….'

자리에서 일어나 예배당 뒤쪽 출구로 나가려는 순간, 박충남 목사님의 음성이 들렸다.

"거기 지 집사님도 앞으로 나오십시오."

순간적으로 강한 갈등에 휩싸였다.

'그냥 이대로 나가버릴까? 아니면 앞으로 나갈까?'

하지만 성령의 이끌리심으로 이미 앞으로 걸어가고 있는 자신을 발견했다.

교회 앞마당에서 시작된 전도

여의도순복음교회 십자가 탑과 정문으로 올라가는 계단 사이에 큰 광장이 있다. 말하자면 교회 앞마당인 셈이다. 나의 성정을 잘 아시는 하나님께서는 나를 교회 앞마당에 배치하셨다. 내가 처음부터 자신 있게 전도하지 못할 것을 아시고 걸음마부터 시키기로 하신 것이다. 구원의 감격이 있는 사람치고 자기 교회 앞마당에서 전도하지 못할 사람은 없을 것이다.

월요일 아침 출근 시간, 교회 옆 고수부지 정류장에 줄지어 정차하는 버스들은 여의도 지역 직장인들을 마구 토해내고 있었다. 정말 엄청난 물고기 떼가 다가오고 있었다. 많은 수에 놀라긴 했으나 내 교회 앞마당에서 맞이한다고 생각하니 긴장이 덜 했다. 그래도 처음 전도를 하는 것이라서 무척 어색했다.

"예수님 믿으시고 축복받으십시오. 가장 큰 축복입니다!"

박충남 목사님께 배운대로 외치는데 처음에는 소리가 목구멍에서 잘 나오지 않았다. 하지만 나를 구원하신 하나님께 감사하는 마음, 잃어버린 자를 찾아 구원하시려는 아버지의 마음을 품었더니 모든 두려움과 어색함이 사라지는 것 같았다.

단 한 시간, 아주 작은 섬김이었지만 나는 월요 전도를 결코 포기하지 않았다. 한 주, 두 주 그리고 한 달, 두 달, 6개월이 흘렀다. 시간이 지나감에 따라 서서히 나는 훈련되어져 갔다. 쭈뼛쭈뼛 전도지를 나누어주며 작은 소리로 복음을 전하던 모습이 사라지고 목소리도 커지고 말도 많아졌다. 전도에 유용한 성경 구절도 많이 인용하게 되고, 지나가는 사람에게 전도지를 전해주는 소극적인 자세에서 쫓아가며 복음을 선포하기도 하고, 여유가 있어 보이는 사람에게는 수십 분씩 복음을 전하기도 하였다.

어느 날부터는 자연스럽게 교회 앞마당을 벗어나 교회 밖 거리로 나가서 전도하기 시작했다. 그리고 월요 전도가 매일 전도로 자연스럽게 바뀌었다. 점심을 먹고 나서 소화도 시킬 겸 전도지를 들고 밖으로 나갔다. 여의도공원을 건너 LG트윈타워 앞까지 가서 복음을 전하곤 했다. 점심 식사 후 건물 밖 쉼터에서 담배를 피우고 있는 회사원들에게 다가가기가 처음에는 쉽지 않았다. 그 때마다 떠올리는 생각이 있었다.

'복음이 부끄러운 것인가? 내가 복음을 부끄러워하고 있는가?'

답은 뻔했다. 영광스러운 복음을 부끄러워하는 내가 발견되었다.

'내가 복음을 부끄러워하지 아니하노니 이 복음은 모든 믿는 자에게 구원을 주시는 하나님의 능력이 됨이라.'

로마서 1장 16절 말씀을 마음속으로 외치고 나면 용기가 솟아났다. 솟아난 용기로 창피를 무릅쓰고 계속 복음을 전했다. 일주일에 불과 한 시간 교회 앞마당에서 시작한 전도를 포기하지 않았

더니 어느새 매일 어느 거리에서나 어떤 상황에서도 전도를 할 수
있게 되었다.

강력한 아멘 훈련

'아멘 훈련'은 아주 강력하다. 세상 속에서 예수님의 이름과 복
음을 부끄러워하지 않는 담대함을 키우는 훈련이자 자기를 부인
하는 훈련이다. 교회 안에서는 누구나 쉽게 복음에 "아멘"으로 반
응할 수 있다. 하지만 세상 속에서도 복음에 "아멘"으로 반응을
할 수 있어야 한다.

나의 아멘 훈련은 이렇게 시작되었다. 어느 날 교회 근처에서
박충남 목사님을 만났다.

"목사님 어디 가세요?"

목사님은 버스를 타고 응암동으로 가신다고 하면서 뜬금없이
나에게 물으셨다.

"집사님, 아멘 훈련 한번 받아보실래요?"

"예….."

나는 얼떨결에 대답했다.

"지 집사님은 성악을 하셨으니 더 크고 멋지게 잘할 줄 믿습니
다. 하하하."

그때 처음으로 성악한 것을 잠깐 후회했다. 목사님과 함께 버스

를 탄 후 나는 버스 중간에서 약간 뒤쪽에 섰다. 목사님은 전도하시기 전에 먼저 운전기사에게 정중하게 양해를 구하셨다. 말끔하게 양복을 차려입은 목사님께서 "수고가 많으십니다. 감사합니다. 전도를 해도 될까요?" 하면서 사탕을 건네면 기사들은 대부분 "아휴, 예, 괜찮습니다"라는 반응을 보인다. 아주 가끔 인상을 찌푸리며 하지 말라고 하는 기사를 만나면 하지 않으신다.

"여러분이 타신 버스는 어디로 향하고 있나요? 만약 잘못 탄 버스라면 갈아타야 하지 않겠습니까? 그렇다면 여러분의 인생의 버스는 어디로 향하고 있습니까? 만약에 여러분이 인생의 버스를 잘못 탔다면 갈아타야 할 것입니다."

목사님의 선포가 진행되는 동안 나는 뒤에 서 있으면서 만감이 교차했다.

'아, 사람들도 많은 밀폐된 공간에서 아멘 소리를 크게 외쳐야 하는가? 꼭 이렇게 해야만 훈련이 되는가? 괜히 훈련받겠다고 했나보다.'

그런 생각이 들었지만 이내 생각을 돌이켰다.

'목사님이 선포하시는 내용은 구구절절 영광스러운 복음인데 때와 장소에 구애받지 않고 복음에 아멘으로 반응하는 것을 하나님께서 기뻐하시지 않겠는가? 복음에 아멘이라고 외쳐야 할 진정한 장소는 바로 세상 속에서가 아닌가? 이왕 할 거 성악한 사람답

게 멋지게 하자.'

두 가지 생각이 교차하는 가운데 목사님의 선포는 끝을 향하고 있었다.

'에이, 쪽팔리는 거 확실하게 팔리자.'

드디어 목사님은 마지막 축복의 인사를 하셨다.

"예수님을 믿으시고 영생을 얻으시기를 축원합니다."

"아멘!"

나는 아주 크고 기름진 목소리로 외쳤다. 순간 '드디어 힘든 훈련을 통과했구나'라는 안도감과 '내가 해냈다'라는 자부심이 생겼다. 그러나 나의 아멘 소리에 버스 안에 있던 사람들의 시선이 일제히 나를 향했고, 그중에서도 가운데 부분에 서 있던 두 아주머니가 눈을 흘기며 큰 소리로 비웃었는데 그 소리가 마치 귀신의 소리 같았다. 해냈다는 자부심은 금세 온데간데없이 사라졌고 쥐구멍이라도 있으면 들어가고 싶었다. 그러나 달리는 버스 안에 쥐구멍이 있을 리 없었다. 빨리 내리고 싶었지만 내릴 정류장은 아직도 한참 남아 있었다.

그렇게 세상 속에서 갑자기 작아지고 움츠려 들고 있는데 하나님의 음성이 들렸다.

'아들아, 창피하니? 내 아들 예수가 바로 너를 구원하려고 십자가에 못 박혀 그 수치와 고통과 죽음을 당했다.'

그 음성이 들리자마자 세상 속에서 복음에 아멘으로 반응해서 비웃음을 경험한 것이, 전 인류를 구원하시기 위해 십자가의 모진 고통과 수치를 겪으신 예수님과 연합되는 순간이었음을 알게 되어 감사의 고백이 흘러나왔다. 이처럼 아멘 훈련은 세상 속에서의 자기를 부인하는 연습이었다.

영광스러운 부르심

1998년 3월 18일이었다. 그날부터 하나님께서는 내 인생에 더 구체적으로 개입하기 시작하셨다. 한 달 반 전부터 난생 처음 새벽기도에 참석하기 시작하고 새벽기도를 통해 처음으로 전도를 시작하게 된 나는 하나님의 전혀 새로운 계획 가운데 인도되고 있었다.

나는 성경을 읽다가 의문에 부딪히면 비서실에서 근무하시는 정헵시바 전도사님을 찾아가곤 했다. 전도사님은 해박한 성경 지식을 갖고 계셨고, 나만 보면 신학 공부해서 목사가 되라고 말씀하는 분이셨다. 하지만 나는 전도사님의 신학 공부 권유에 항상 부정적인 마음을 가지고 있었다. '주의 종'이 되는 것은 나와는 전혀 상관이 없는 일이었다. 가끔 다른 분을 통해서도 주의 종이 되는 것에 대한 권면을 받을 때마다 나는 속으로 주의 종은 죽어도 되지 않을 것이라고 다짐하곤 했다.

그날도 나는 요한복음 15장을 읽다가 의문점이 생겨서 전도사님을 찾아갔다. 전도사님은 내 질문에 간단히 대답하시더니 다른 때보다 더욱 강력히 신학 공부를 권면하셨다.

"우리 교회에 곧 음악 목사 제도가 생길 것이고 거기에는 지 선생이 적임입니다. 지 선생은 신학대학원에 가는 것이 좋겠어요."

전도사님의 권유에 나는 주의 종이 되고 싶은 소원도 전혀 없을 뿐더러 다른 이유보다 하나님의 부르심이 없어서 안 된다고 말씀드렸다.

"다니면서 부르심을 받는 경우도 많으니 우선 신대원으로 가세요."

"글쎄요, 신학을 해서 주의 종이 되는 것이 하나님의 뜻이라면 하나님께서 분명하고 정확하게 내게 말씀하실 것입니다. 부르심이 없는 상태에서 내가 먼저 움직일 수는 없습니다."

이튿날인 3월 19일 목요일에 교회 게시판에 붙어 있는 포스터 하나가 눈에 띄었다. 목요찬양예배에 유명한 찬양 사역자가 간증 콘서트를 한다는 포스터였다. 목요찬양예배에는 한 번도 참석해본 적이 없었지만 간증 콘서트에 대한 호기심이 생겼다. 음악연구소의 업무 중에 찬양 칼럼을 쓰는 일이 있었기 때문에 좋은 글감을 얻을 것도 같아 가보기로 마음먹었다.

간증 콘서트는 간증과 찬양과 기도가 있는 자리였다. 그 찬양 사역자의 진술한 간증은 나를 하나님께로 한 걸음 더 나아갈 수 있도록 해주었다. 간증과 찬양 사이 합심기도 시간에 무심코 머리를 숙였는데 별안간 한 장면이 떠올랐다. 내가 아침에 일어나 목욕탕 거울을 쳐다보며 이를 닦는 장면이었다. 나는 수개월 전부터 한 가지 생각으로 인해 두려움 가운데 있었다. 그것은 다름 아닌 죽음에 대한 두려움이었다.

'만약 내가 지금 죽는다면 임신 중인 아내와 딸은 누가 돌보나? 아내와 자식들이 나 없이 이 힘든 세상을 어떻게 살아갈까?'

이런 생각이 나를 사로잡았고 특히 아침에 양치질을 하려고 목욕탕 거울을 보면 여지없이 그 생각이 들었다. 그럴 때마다 나는 고개를 세차게 흔들며 '안 돼, 난 죽으면 안 돼'라고 속으로 외치며 그 생각을 떨쳐버리려고 했다. 그것을 아내에게 얘기할 수도 없었다. 몇 달 동안 거의 매일 아침, 하루에도 몇 번씩 수시로 그 생각이 나를 괴롭혔다.

간증 콘서트 중 합심기도 시간에 불현듯 그 장면이 머릿속에 떠올랐는데 갑자기 하나님의 음성이 들려왔다. 주님은 배반한 베드로와 디베랴 바닷가에서의 재회와 같은 방식으로 내게 다가오셨다.

'아들아, 내가 너를 사랑한다. 그거 알지?'

'예, 알아요. 주님 감사해요.'

'너는 나를 사랑하니?'

'제가 주님을 사랑하는 줄 주께서 아십니다.'

'아들아, 네 생명은 누구의 것이지?'

'예, 주님의 것입니다.'

'그러면 네가 사랑하는 너의 아내와 딸과 배 속의 아이는?'

'…'

'네 생명도 내 것이고 너의 아내도, 너의 자식들도 내 것이다. 그리고 네가 지금 누리고 있는 모든 것이 다 나로 말미암은 것이다. 너의 아내와 딸은 지금까지 내가 돌보아 온 것이지 네가 한 것이 아니다. 네가 없어도 너의 아내와 딸은 내가 돌본다. 너는 어느 덧 나의 자리를 차지하고 있구나.'

짧은 순간의 대화였지만 나는 하나님께서 무엇을 원하시는지 알았다. 하지만 두려웠다. 주님께 삶을 드린다고 고백하면 사랑하는 모든 존재들을 다 데려가실 것만 같았다. 내 생명도 거두실 것 같았다.

그러나 그때 신비하게도 영혼 깊은 곳에서 하나님에 대한 신뢰가 솟아나기 시작했고, 이내 나는 담대해졌다. 머리로만 알던 하나님을 가슴으로 알게 되는 순간이었다. 좋으신 하나님을 백퍼센트 신뢰함으로 눈물의 고백을 드리기 시작했다.

'주님, 잘못했습니다. 제가 주님 자리에 앉아 있었습니다. 입술로는 주님이 내 삶의 주인이라고 고백했지만 실제 삶에서는 내가 주인 노릇을 했습니다. 사랑하는 아내와 딸에 대한 권리를 돌려드립니다. 일과 물질에 대한 권리도 다 드립니다. 음악연구소에 들어와서 주님을 인격적으로 만난 뒤 물질을 구하지 않아도 풍족히 베푸시는 것이 전적인 하나님의 은혜라고 말하면서도 어느덧 물질이 나의 안정감이었습니다. 하나님께서 나의 안정감이 아니었던 것을 회개합니다. 모두 다 거두어가셔도 감사하겠습니다. 제 생명을 거두어가신다 하더라도 그것은 전적인 주님의 뜻이기에 감사함으로 순복하겠습니다.'

헌신의 고백을 하자 갑자기 내 마음속에 신비한 평강이 샘솟기 시작했다. 세상의 평안이 아닌 주님께서 주시는 평안이었다. 삶을 헌신하고 콘서트 현장을 나오는 나의 발걸음은 상쾌하고 가벼웠다. 신기하게도 수개월 동안 나를 괴롭히던 죽음에 대한 두려움이 완전히 사라졌다. 당장 죽어서 주님께 가도 괜찮을 것 같았다.

'헌신'이라는 단어를 많이 들어왔으나 내가 직접 헌신을 하고 나서야 비로소 그 의미가 무엇인지 알게 되었다. 나는 인생의 모든 무거운 짐을 주님께 전적으로 맡긴 데에서 오는 참된 평안을 만끽하며 집으로 돌아왔다. 그 헌신의 고백 뒤에 놀라운 하나님의 부르심이 기다리고 있음을 생각하지 못한 채….

다음 날인 3월 20일 새벽, 나는 가볍고 상쾌한 마음으로 새날을 맞이했다. 양치질할 때 문득문득 떠올랐던 죽음의 두려움은 사라지고 없었다. 나는 평소와 다름없이 새벽기도회를 마치고 사무실에 도착하여 《벼랑 끝에 서는 용기》라는 책을 펼쳤다. 그 책은 물질을 통해 하나님의 기적을 체험하는 YMAM(국제예수전도단)의 리더 로렌 커닝햄의 간증집이었다. 나는 그 책을 매일 한 단원씩 순차적으로 묵상하고 있었다. 그날은 13단원을 묵상할 차례였다. 네 쪽가량 넘겼을 즈음, 한 문장에 내 시선이 고정되었다.

"돈을 사랑치 않는 사람이 영적 지도자로 뽑혀야 한다."

더 이상 밑으로 내려갈 수가 없었고, 그 문장은 점점 확대되어 내 앞으로 다가왔다.

'돈을 사랑하지 않는 것이 영적 지도자의 요건이라고? 어제 찬양집회에서 생명 포기 각서와 함께 태어나서 처음으로 물질에 대한 권리를 드리는 기도를 했는데….'

혹시 이것이 부르심의 음성인가 확인하고 싶어서 디모데전서 3장을 펼쳐 보았다. 바울이 감독(주의 종)으로 부르심을 받은 자들이 지켜야 할 덕목에 대하여 말하고 있었다. 그런데 참으로 신기했던 것은 바울 사도가 제시한 감독직의 요건들이 내가 음대 졸업 후 음악연구소에 들어와서 주님을 인격적으로 만나면서 하나님께서 열매로 주신 삶의 모습들이었다.

> 절제하며 신중하며 단정하며 나그네를 대접하며 가르치기를
> 잘하며 술을 즐기지 아니하며 구타하지 아니하며 오직 관용하
> 며 다투지 아니하며 돈을 사랑하지 아니하며 딤전 3:2,3

'이것이 주의 종의 부르심인가?'

의심보다는 오히려 확신이 들었다.

'주님, 어제 내 모든 것을 바치게 하시고, 오늘 나를 종으로 삼
으시기 위해 말씀으로 다가오시는 겁니까? 정말 당신이십니까?
저를 부르시는 겁니까?'

하나님께 여쭙고 있는데, 갑자기 뭐라고 표현할 수 없는 감사와
감격이 터져 나왔다. 주의 종은 죽어도 되지 않겠다고 다짐했는데
내 입술에서 감사의 고백이 흘러나오다니 신기했다. 내가 하기 싫
은 것을 요구하실 때 요나와 같이 "싫어요, 난 못해요" 하며 어디
론가 떠나서 숨어야 되는데, 오히려 감사 찬양이 계속 나오는 것
이었다.

주의 종이라는 사명자의 길이 바라고 원하던 것이면 감사 찬양
의 반응은 당연한 것이겠지만 생각조차 하고 싶지 않았던 길을 가
게 하시겠다는 하나님의 부르심에 감사 찬양이 나온 것 자체가 기

적이었다. 왜 그랬을까? 그 이유는 아주 단순했다. 주의 종으로 부르신 것이 감사한 게 아니었다. 하나님께서는 1992년부터 매일의 삶 속에서 말씀으로 인도하시며 자신의 살아계심을 나에게 보여주셨다. 그런데 시간이 갈수록 더 구체적으로 응답하시고 인도하시는 것이었다. 그런 하나님이 좋아서 감사했던 것이다.

부르심에 대한 기쁨이 넘쳐난 그날 또 하나의 기적을 체험했다. 전날 간증 콘서트에서 처음 들으며 감상만 하였던 노래가 저절로 암기되어 내 입술을 통해 흘러나오기 시작한 것이다.

"오! 기쁘도다. 나의 생활, 주님께 맡긴 나의 삶. 나에겐 근심 걱정 없고 평안뿐이네."

정확히 부르심의 상황에 맞는 노래였다. 음대 동창 중에 악보를 몇 분만 쳐다보면 외울 수 있는 뛰어난 암기 능력을 가진 친구가 있었다. 하지만 나는 악보를 외우려면 한참을 반복해야 하는 평범한 사람이었다. 그런데 신기하게도 한 번도 불러보지도 않았고, 암송하려고 전혀 노력하지도 않은 노래가 내 입술을 통해 흘러나오고 있었다.

구체적인 비전을 주시다

노래를 부르고 있는데 하나님께서 헌신의 기도를 드렸던 목요 찬양예배 광경을 보여주시면서 주의 종으로 부르시는 이유를 말씀하셨다.

'어제 헌신의 자리를 기억하니? 무슨 모습이 떠오르니?'

'예, 간증 콘서트 자리였죠. 청년들이 일어서서 손을 들고 열광적으로 찬양하던 모습이 생각납니다.'

'내가 너를 음악가가 아닌 순수한 복음 전파자로 쓸 것이다. 많은 청년 음악가들이 너와 함께할 것이다. 그것이 너에게 음악을 전공하도록 한 목적이다. 너는 그들을 십자가 복음으로 무장시킬 것이고, 그들은 너와 함께 어제 본 그대로 나를 열정적으로 예배할 것이며, 잃어버린 영혼들을 찾아오는 일을 할 것이다.'

주의 종이자 복음 전파자로서 하나님의 뜻을 이루게 될 미래의 청사진이 구체적으로 그려지자 캄캄했던 미래가 희미하게 보이기 시작했다.

스물여섯 살 늦은 나이에 서울대 성악과에 합격하고 감사하며 좋아했던 모습이 다시 떠올랐다. 그것은 나를 향한 하나님의 비전을 구체적으로 알지 못한 채 드린 감사였다. 그것은 이방인도 할 수 있는 감사였다. 당시에 나는 서울대 합격이란 선물을 받고 나서도 선물을 주신 하나님에 대해서는 관심도 없이 받은 선물만 좋아서 다시 세상을 벗하며 살았다.

그러나 졸업 후 인격적으로 주님을 만나면서부터 주님이 나의 가장 귀한 선물이심을 알게 되었다. 주님을 알아가고 그분과 교제하는 것 자체가 가장 즐거운 일이 되기 시작했다. 복음 전파자로 부르심을 받고 미래에 대한 청사진을 보고 나니 서울대 입학이라는 선물에 대한 더 높은 차원의 감사가 흘러나왔다. 음악을 전공한 복음 전파자로서 음악가들을 이해하고 그들을 그리스도의 일꾼으로 세우는 데에 쓰실 목적으로 선물들을 주셨다는 것이 깨달아지면서 주님의 놀라운 경륜을 다시 찬양했다. 그러자 갑자기 내 뜻을 이루기 위한 소원이 아닌 하나님의 소원이 생겨났다.

'그러면 하나님, 음악가들을 많이 만나게 해주셔야 되겠네요. 그렇죠?'

그 기도를 드리자마자 교회 내의 많은 음악가들을 만나 교제하고 함께 사역하는 일들이 계속 생겨났다.

달리는 차 안에서의 성령의 임재

새벽에 말씀으로 부르심을 받고, 저절로 암송된 헌신의 노래를 부르며 오전 내내 기쁨과 감사 가운데 시간을 보냈다. 점심을 먹은 후 졸음이 몰려와 책상에 앉아 잠시 졸다 깨어났는데 오전의 부르심에 대한 황홀함이 순식간에 사라졌다. 그때 문득 주의 종으로의 부르심에 아멘으로 반응한 것에 대한 후회와 두려움이 엄습했다.

'왜 불러주셔서 감사하다고 했을까? 다시 주워 담을 수 없을까?'

이런 생각을 하고 있는데 내 입에서 다시 저절로 찬양이 흘러나왔다. 송정미 씨의 〈오직 주만이〉라는 곡이었다.

"나의 영혼이 잠잠히 하나님만 바람이여…."

그 곡은 4월에 있을 부흥회에서 특별 찬양으로 섬기기 위해서 열심히 연습하던 곡이었다. 특송으로 그 노래를 정한 것은 '크로노스(chronos, 흘러가는 시간)'라는 인간의 시간 속에서 내가 계획한 일이었으나, 하나님은 따로 '카이로스(Kairos, 의미 있는 시간)'를 계획하고 계셨다. 전지전능하신 하나님은 내가 부르심에 대하여 잠시 후회할 것을 미리 아셨고, 무의식중에 입력된 특송곡 가사를 통하여 요동치 않게 하실 계획을 세워놓으셨다. 그 찬양 속의 가사인 시편 62편을 통해 나는 이후 단 한순간도 부르심에 순종한 것을 후회해본 적이 없다.

나의 영혼이 잠잠히 하나님만 바람이여 나의 구원이 그에게서 나오는도다 오직 그만이 나의 반석이시요 나의 구원이시요 나의 요새이시니 내가 크게 흔들리지 아니하리로다 시 62:1,2

다음 날인 3월 21일 새벽이 되었다. 부르심에 대한 감격과 기쁨으로 삶의 목표가 뚜렷해진 하루를 보내고 새벽기도를 드리기 위해 교회로 향하는 나의 차는 서강대교로 막 진입하고 있었다. 나는 차 안에서 '송정미 1집'을 듣고 있었다. 부흥회 특송곡 〈오직 주만이〉라는 노래를 외우고 연습하기 위해서 한 달 전부터 차 안에서 계속 듣고 다녔다. 노래가 끝나면 잽싸게 다시 카세트테이프를 앞으로 돌려서 반복해서 들으면서 이 노래를 익히고 있었다. 그런데 차가 서강대교를 진입하려는 순간 곡이 끝났고 미처 되감기 버튼을 누르지 못한 채 들어서게 되었다.

다음 노래는 〈임하소서〉라는 곡이었다. 장엄하며 경건한 분위기를 자아내는 전주가 흐르는데 그 선율을 통해 성령께서 강하게 임재하시기 시작했다. 내 왼손은 핸들을 잡고 오른손은 하나님을 향해 들려졌다. 종으로 부르심에 대한 찬미의 예배가 차 안에서 시작되었다. 막 동이 트기 전이라 서강대교에는 어둠이 약간 드리워져 있었고 노란색 가로등이 아직 켜져 있었으며 안개가 자욱했다. 마치 영화의 한 장면 같았다. 좌우에는 차가 한 대도 보이지 않았다. 나의 차는 시속 30~40킬로미터 정도로 천천히 달리고 있었다.

"주님의 성령 지금 이곳에 임하소서."

정확히 나의 기도 제목이었다. 두 눈에서는 눈물이 쏟아졌다. 감사와 기쁨의 눈물이었다. 차 안은 어느덧 성령의 임재로 가득했다. 1절이 끝나고 간주 부분에 송정미 씨의 낭송음이 들려왔다.

"내게 기름 부으사 가난한 자에게 아름다운 소식을 전하게 하소서. 나를 보내사 마음이 상한 자를 고치며, 포로된 자에게 자유를, 갇힌 자에게 놓임을 전파하게 하소서."

성령께서는 주의 종으로 부르시는 가장 핵심적인 말씀으로 내게 다가오셨다. 송정미 씨의 낭랑한 목소리가 차 안에 메아리치는 동안 성령께서는 그 말씀으로 내 머리에 기름을 부으셨다. 주님은 사명자에게 주시는 기름부으심을 특이하게도 달리는 차 안에서 행하셨다. 그것은 부르심에 대한 재확신을 주시는 하나님의 치밀하고 멋진 연출이었다.

신대원 입학과 세계 일주 티켓

나는 1999년 3월, 한세대학교 신학대학원 목회학 석사 과정에 입학했다. 신학을 공부하기 전에 약간의 두려움이 있었다. 하나님에 대한 뜨거운 체험을 하고, 주의 종으로 부르심을 받고 신학을 공부하지만 어느 날부터 신앙이 식어지고 지식만 늘면서 머리가 커지고 영성은 잃어버릴 위험이 있다는 이야기를 종종 들었기 때문이다. 그래서 신대원에 입학하며 간절히 기도했다.

'성령님, 신학을 공부하는 동안 순수함을 잃지 않게 하소서. 하나님의 은혜에 대한 감사와 감격으로 인한 눈물이 마르지 않게 하소서.'

성령님께서 나의 이런 기도에 신실하게 응답하셔서, 수많은 강의 시간에 많은 눈물을 흘렸다. 그렇게 하나님의 은혜를 유지하여 눈물이 마르지 않았던 원동력은 역시 십자가에 대한 깨달음 때문이었다. 힘든 신학 공부였지만 십자가를 통해 재해석해보면 모든 것이 하나님의 은혜임을 금방 알 수 있었다.

나는 모든 발제와 시험을 십자가의 관점으로 풀어냈다. 신학에 대한 깊은 지식이 있어서가 아니라 십자가에 대한 단순하고도 확실한 성령님의 가르침 때문에 신대원 3년 내내 큰 어려움을 느끼지 않고 졸업할 수 있었다. 그렇게 십자가에만 집중하려고 노력했는데 어느 학기에는 전 과목 A+를 받아서 장학금을 받기도 했다.

신대원에 다니면서도 매주 월요일 한 시간씩 교회 앞마당 전도는 꾸준히 지속했다. 일주일은 168시간인데 그중 1시간 전도는 어쩌면 다윗의 물맷돌, 아니 그보다 더 작은 것이었는지도 모른다.

월요 전도를 계속하던 1999년 어느 초여름 날, 박충남 목사님으로부터 전화가 걸려왔다.

"용훈 형제, 이번 여름에 이스라엘에 갈까요?"

"목사님, 좋지요. 그런데 비행기 삯도 만만치 않고…."

"주께서 선물로 세계 일주 티켓을 주셨습니다. 함께 갑시다."

박충남 목사님은 항상 전도 피켓과 전도지를 들고 다니시며 어디서든지 복음을 전하셨다. 어느 날 목사님은 동대문 시장에서 전도를 하시다가 한 외국인을 만나셨는데 그는 파일럿이었다. 크리스천이었던 그는 목사님과 함께 전도를 하며 훈련을 받고 얼마 후 고국인 캐나다로 돌아갔다. 그리고 몇 달 뒤에 목사님 앞으로 한 통의 편지가 도착했다.

"목사님과 함께 전도하며 큰 감동을 받았습니다. 하나님의 은혜에 감사합니다."

편지 안에는 감사의 인사와 함께 항공권 네 장이 들어 있었다. 그 티켓은 캐나다 최대 항공사인 에어 캐나다(Air Canada) 파일럿과 직원들에게 보너스처럼 지급되는 것이었다. 백지수표처럼 가고 싶은 나라를 적으면 어디든지 갈 수 있는 놀라운 티켓이었다.

목사님은 사모님과 아드님에게 한 장씩 주시고, 나머지 두 장을 가지고 나와 함께 이스라엘 여행을 계획하셨다. 처음에는 캐나다 밴쿠버, 토론토 그리고 이스라엘, 영국, 싱가포르 등 몇 개국을 방문하고 싶었으나 휴가 일정의 한계로 밴쿠버와 토론토 그리고 이스라엘만 가기로 했다.

7월 중순 계획한 여행 날짜가 다가와 공항으로 향했다. 그런데 그 보너스 티켓은 스탠바이 티켓(standby ticket, 대기자 티켓)보다 우선순위가 뒤처지는 것이었기에 휴가철에 그 티켓으로 비행기를 탈 수 있을까 걱정스러웠다. 목사님께서는 웃으면서 말씀하셨다.

"주께서 주신 것이니 모든 걱정을 내려놓으세요. 주께서 분명히 가게 하실 것입니다."

기다리다가 극적으로 자리가 있다는 소식을 듣고 흥분하는 마음으로 비행기에 탔는데 목사님이 왼쪽 팔꿈치로 나를 툭툭 치시면서 말씀하셨다.

"마지막 두 자리예요."

목사님을 보니 눈에 눈물이 그렁그렁하셨다.

이스라엘과 세계선교의 비전을 품다

보너스 티켓 덕분에 나는 처음으로 해외여행을 하게 되었다. 그것도 성경의 땅인 이스라엘을 밟게 되는 것이 꿈만 같았다. 목사님과 나는 맨 처음 밴쿠버에 도착하였다.

밴쿠버는 박충남 목사님의 제2의 고향과도 같은 곳이다. 목사님은 서른 살이던 1970년에 캐나다 밴쿠버로 이민을 가서 약사로서 유대인이 운영하는 큰 약국에서 성실히 일하셨다. 그 결과 성실성을 인정받아서 약국 매니저 자리까지 오르셨다. 그러던 어느 날 밴쿠버에 부흥회 강사로 오셨던 순복음교회 최자실 목사님을 만나 삶의 전환점을 맞게 되셨다. 최 목사님은 당시 장로였던 박 목사님을 보자마자 이렇게 말씀하셨다고 한다.

"박 장로님, 하나님께서 주의 종으로 부르십니다. 파트타임(part time)이 아니고 풀타임(full time)!"

박 목사님은 그것을 하나님의 뜻으로 알고 약국의 매니저 자리를 내려놓고 신학교에 가셨다. 목사님은 신학교를 졸업하신 뒤 교회를 개척하셨고, 성도들을 돌보고 말씀으로 양육하던 어느 날 한 낯선 유대인 여자의 전화를 받으셨다. 그 여자 분은 선교를 위해 기도하는 중보자였는데 기도 중에 하나님의 지시를 받았다고 했다.

'한국인 목사를 빨리 찾아서 내가 너에게 전하는 메시지를 그대로 전하라.'

그녀는 알고 있는 한국인 목사가 없어서 전화번호부를 뒤지다가 무작정 전화를 걸었다. 그런데 박충남 목사님이 그 전화를 받은 것이다. 그녀는 목사님이 전화를 받자마자 하나님의 음성을 전달했다.

"Go out to the street and preach the Gospel highways and byways and you will see the miracles(큰길이든 샛길이든 거리로 나아가 복음을 전하라. 그리하면 기적들을 보게 되리라)."

박 목사님은 하나님의 음성을 확인하고 난 뒤 섬기시던 교회를 다른 사역자에게 넘기고 선교사 신분으로 한국에 오셨다. 한국에 도착해서 하나님의 인도하심으로 전도훈련을 받으시고 노방전도를 해오시다가 여의도순복음교회 전도훈련국에서 정식 교역자로 사역하시게 되었고, 나의 멘토가 되셨다.

우리는 밴쿠버에서의 일정을 마치고 토론토로 가서 나이아가

1999년 박충남 목사님과 함께 이스라엘 성지순례 중
감람산에서 예루살렘 성을 등지고.(왼쪽이 필자)

라폭포를 구경하고 이스라엘로 가기 위해 토론토 공항에 다시 도착했다. 공항에는 오랜만에 고국 땅을 밟으려는 전통 유대인 복장을 한 많은 유대인들이 있었다. 그들은 기내에서까지 토라를 들고 기도했고, 이스라엘 텔아비브 공항에 내리자마자 땅에 키스했다. 그러한 유대인들을 보며 '열심이 특심'이라는 생각을 했다.

우리는 이스라엘에 도착하여 김 선교사님이라는 분을 만났다. 박충남 목사님은 선교사님이 이스라엘로 선교하러 가기 전에 한국에서 잠깐 만난 적이 있으셨다. 그때 박 목사님은 여자의 몸으로 선교하기 가장 힘든 나라로 간다는 말을 듣고 선교사님을 위해 중보기도를 하셨다.

당시 목사님은 신학교에서 영어 강의도 하고 계셨는데 어느 날 수업 시간에 칠판에 선교사님의 이름을 적으며 신학생들에게 함께 중보기도를 하자고 하셨다. 마침 그 수업에 선교사님을 잘 아는 학생이 있었는데 그가 그 사실을 선교사님에게 알렸고 소식을 들은 선교사님도 박충남 목사님 이름을 적어놓고 미래의 좋은 만남을 위해 기도하셨다고 했다. 기도에 응답하시는 하나님께서 곧 캐나다 파일럿을 사용하셔서 이스라엘 땅에서 두 분이 아름다운 재회를 하게 하신 것이다.

우리 셋은 렌트카로 이스라엘 전체를 누비며 성경의 땅, 하나님의 선지자들이 밟았던 땅, 무엇보다 인간이 되신 하나님께서 거니

섰던 땅을 밟았다. 그 행복은 이루 말할 수 없었다. 선교사님은 보통의 성지순례 코스가 아닌 숨겨진 장소들을 찾아 안내해주셨다. 선교사님은 성지마다 숨겨진 역사, 선교적 관점과 더불어 예수님의 재림을 준비해야 하는 것, 시온산에 사랑하는 어머님을 묻게 된 이야기 등 이스라엘 선교사로서의 삶을 나누어주셨는데 그 나눔을 듣는 엿새 동안 내 눈에서는 눈물이 마르지 않았다.

선교사님은 황금돔 배경의 예루살렘 성(城) 사진을 우리에게 선물하시면서 기도를 부탁하셨다.

"한국에 돌아가서서도 이스라엘을 위하여 기도해주시기 바랍니다."

나는 한국으로 돌아와 음악연구소 사무실 벽에 예루살렘 사진을 붙였다. 그리고 서쪽을 바라보았다. 공교롭게도 음악연구소 사무실 서쪽 벽은 전면이 창문이었다. 사무실에서 근무하며 기도할 때마다 수시로 서쪽을 바라보면 이스라엘 땅이 머릿속에서 선명하게 떠올랐다. 그럴 때마다 이스라엘과 선교사님을 위해 기도했다.

이스라엘을 위해 기도하기 시작하면서 조금씩 세계를 보기 시작했다. 예루살렘에서 시작한 복음이 서쪽으로 이동하여 로마, 유럽, 영국, 미국 그리고 아시아로 확산되었다. 계속 서쪽으로 진행하면 다시 이스라엘까지 이르게 된다. 나는 그런 의미에서 이스라엘이 '땅 끝'일지도 모른다는 생각을 하게 되었다. 그리고 세계선교에 있어서 이스라엘이 차지하는 비중을 어렴풋이 알게 되었고 이스라엘을 위한 중보자로 세워지게 되었다.

3

열방을 품고
미국으로 가다

말씀으로 응답하신 하나님

2001년 신대원 졸업이 1년도 남지 않은 시점이었다. 내 미래가
어떻게 펼쳐질지 궁금했다.

"세계가 우리의 교구입니다. 영어를 준비하세요."

멘토이신 박충남 목사님의 말씀이 귀에 쟁쟁했다. 세계선교에
대한 구체적인 목표가 있는 것은 아니었으나 목사님의 권면에 순
종하여 영어성경을 읽고, 외우고, 영어로 기도해보기도 하면서 꾸
준히 영어를 준비했다. 그리고 교회를 방문하는 외국인들을 발견
하면 따라가서 안내도 해주고 식사도 대접하면서 영어에 대한 두
려움을 극복해나가고 있었다.

어느 주일, 예배가 끝나고 예배당 밖으로 나오는데 미국인 네 명이 눈에 띄었다. 이야기를 나누면서 그들이 뉴햄프셔에서 온 것을 알게 되었다. 금발의 여자 분은 셜리라는 이름의 목사님이셨다. 목사님은 여의도순복음교회에 임하신 성령의 기름부으심을 체험하고 싶어서 한국에 오셨다고 했다.

기념품 파는 곳을 묻기에 교회 서점을 안내해주었다. 목사님은 교회 건물 모양 키홀더를 구입하셨다. 서점에서 나와 인사하고 헤어지려는데 목사님이 나에 대해 물어보셨다.

"어떤 일을 하시죠?"

"주의 종으로 부르심을 받아 신대원에 5학기째 다니고 있고요, 음악연구소에서 예배 인도 및 음악을 가르치고 칼럼을 쓰는 일을 합니다."

셜리 목사님이 연락처를 물어보셔서 이메일 주소와 이름을 적어주었고 택시 타는 곳까지 안내해주었다.

그로부터 한 달이 지나고 셜리 목사님으로부터 이메일이 왔다. 열어보니 놀라운 내용이 들어 있었다. 최근에 콜부르크(Colebrook)라는 작은 도시에 교회를 개척했는데 기도 중에 나와 함께 사역하면 좋겠다는 생각을 했다는 것이었다. 목사님은 집과 차를 비롯해 정착에 필요한 모든 것을 준비해놓고 종교 이민 초청을 하고 싶다고 하셨다.

당시 큰형과 작은형이 미국에서 십여 년째 살고 있는 이민자였기에 미국을 가려면 형들을 통해서라도 얼마든지 갈 수 있었다. 나름대로 영어를 준비하고 있었지만 미국으로 가는 것에 대해서는 관심조차 없었다. 그런데 뜻밖에 셜리 목사님과의 만남을 통해 하나님의 뜻이 무엇인지 기도해봐야겠다는 생각이 들었다.

미국행에 대한 하나님의 뜻을 여쭙는 작정기도를 시작했을 무렵 교회에서는 이스라엘 단기선교 준비가 한창이었다. 신대원 성적이 좋아 받은 장학금이 단기선교 재정과 정확하게 일치했다. 하나님의 카이로스적인 인도하심으로 내 삶에서 이스라엘과 미국은 긴밀하게 연결되어 있었던 것이다.

두 번째로 이스라엘에 가게 된 나는 밟는 곳마다 미국행에 대한 하나님의 뜻을 여쭈었다. 그러면서 조금씩 미국행이 하나님께서 계획하신 것이라는 확신이 들기 시작했다. 이스라엘에서 한국으로 돌아와서 말씀으로 응답을 받기 위한 막바지 작정기도에 돌입했는데 하나님께서는 역대하 20장과 시편 23편으로 응답하셨다.

역대하 20장은 위대한 하나님의 전쟁을 묘사하고 있다. 모압, 암몬 그리고 세일산 거민들이 쳐들어올 때 유다의 여호사밧 왕은 백성들과 함께 금식하며 여호와의 낯을 구한다. 어느 날 하나님의 신(神)이 회중 가운데 임하고 야하시엘이라는 선지자가 일어나 하나님의 말씀을 대언한다.

야하시엘이 이르되 온 유다와 예루살렘 주민과 여호사밧 왕이
여 들을지어다 여호와께서 이같이 너희에게 말씀하시기를 너
희는 이 큰 무리로 말미암아 두려워하거나 놀라지 말라 이 전
쟁은 너희에게 속한 것이 아니요 하나님께 속한 것이니라 이
전쟁에는 너희가 싸울 것이 없나니 대열을 이루고 서서 너희와
함께한 여호와가 구원하는 것을 보라 유다와 예루살렘아 너희
는 두려워하지 말며 놀라지 말고 내일 그들을 맞서 나가라 여
호와가 너희와 함께하리라 하셨느니라 하매 대하 20:15,17

여호사밧 왕은 그 말씀을 믿었다. 그리고 하나님을 노래하는 자
들을 군대 앞에 세워 적진을 향해 나아가게 한다. 노래가 시작될
때에 하나님께서는 복병을 보내어 이방 나라 연합군 가운데 자중
지란(自中之亂)이 일어나도록 하여 적을 진멸시키셨다. 여호사밧 왕
과 백성들은 적진으로 들어가서 전리품을 취했다. 하나님께서는
이 말씀을 통하여 이방 나라가 소유하고 있던 '전리품'이 하나님
께서 찾으시는 '잃어버린 영혼'이라고 말씀하시며 내게 확실한
비전을 주셨다.
'내가 너를 복음 전파자로 불렀느니라. 너는 어디든지 내가 보
내는 곳에 가서 예배자들과 함께 예배하라. 내가 친히 나의 복병
을 보내어 공중 권세를 잡고 있는 악한 영들을 멸하고 그들에게

붙잡혀 있던 영혼들을 불러내리라. 이것을 위해 너를 미국으로 보내기를 원하노라.'

그 순간 1998년 3월에 주의 종으로 부르실 때 주신 비전이 생각났다.

'청년 예배자들과 함께 예배하며 복음을 전하는 것.'

이번에 받은 비전도 그것과 동일한 내용이었는데 장소와 전략이 조금 더 구체화되었다. 특히 복음의 서진(西進)과 이스라엘을 생각하면서 미국을 바라보니 뭔가 연관성이 있어 보였다. 특별히 내가 갈 곳이 미국 땅에 영적 부흥이 있었던 동부 지역이어서 부흥의 불길이 꺼져가는 미국에 다시 그 불길이 타오르기를 바라는 마음이 생겨났다.

내 안에 있는 복음의 불씨가 비록 작을지라도 영적으로 메마른 땅에 점화되고 성령께서 강한 바람으로 역사하실 때 더욱 세찬 부흥의 불길로 타오를 것이라는 믿음이 생겼다. 다시 한 번 미국 동부 지역에 부흥의 파도가 치고, 그 물결이 서쪽으로 움직여 미국 전 지역을 덮고, 태평양을 건너 한국을 덮치고, 불교 문화권과 이슬람 문화권을 넘어 이스라엘까지 미칠 것을 믿음으로 바라보게 하셨다.

하지만 영어도 많이 부족하고, 앞으로 내 앞에 어떤 일들이 펼쳐질지도 알 수 없는 상황이었다. 그럼에도 불구하고 미국행에 대

2006년 뉴햄프셔에 있는
셜리 목사님의 교회로 청년부 단기선교를 가서.

한 확실한 결정을 내릴 수 있었던 또 다른 이유는 시편 23편의 말씀 때문이었다.

내가 사망의 음침한 골짜기로 다닐지라도 해를 두려워하지 않을 것은 주께서 나와 함께하심이라 주의 지팡이와 막대기가 나를 안위하시나이다 시 23:4

내가 무엇을 하든지 어떤 결정을 내리든지 목자되신 하나님께서 나와 함께하시리라는 확신이었다.

하나님의 훈련

이메일을 통하여 셜리 목사님과 종교 이민을 준비해가는 과정은 쉽지 않았다. 그러던 2001년 9월 12일 조간신문 1면 헤드라인을 보고 나는 경악했다.

"미국이 공격당했다."

신문 1면에 비행기가 고층 빌딩으로 돌진해 들어가는 사진이 있었다. 911 테러였다. 그 사건 후 갑자기 셜리 목사님으로부터 소식이 단절되었고, 한 달이 지난 어느 날, 목사님으로부터 용서를 구하는 내용의 메일이 왔다. 911 테러 사건으로 인하여 미국의 모든 상황이 어려워졌고, 특히 이민 초청에 어려움이 커서 더 이상 일을 진행할 수 없다는 것이었다.

처음에는 실망이 되었으나 911 테러 사건이 워낙 큰 사건이었기에 충분히 이해할 만했다. 괜찮다는 답 메일을 보내고 난 다음 날부터 100일 작정기도에 돌입했다. 미국에 관심도 없었던 나에게 미국 동부의 부흥과 세계선교에 대한 마음을 주신 것은 하나님이시라는 확신이 있었기에 실망하지 않았다. 작정기도에 돌입한 지 며칠이 지나지 않아서 희한한 체험을 했다. 새벽에 출근하여 기도를 하는 중 내 입에서 한 번도 생각해보지 않았던 나라 이름이 흘러나왔다.

'캐나다도 좋습니다, 하나님.'

그런데 바로 1분 뒤에 전화벨이 울렸다. 캐나다 밴쿠버에 계신 이혜규 목사님으로부터 온 전화였다. 이 목사님은 조용기 목사님 비서실에 계셨던 분인데 백인 선교의 마음을 받고 캐나다로 가셔서 기도의 불을 붙이고 계셨다. 캐나다에 선교하러 가셨다는 말씀은 들었지만 목사님이 사무실로 전화를 주신 것은 처음이었다.

목사님은 뉴햄프셔행 준비가 잘되는지 물으셨다. 그간의 사정을 말하자 목사님은 교회 개척을 준비 중이신 K목사님을 소개해주셨다. 그 분이 찬양 사역자만 있으면 당장 교회를 개척하시려고 하니 기도해보라고 하셨다. 얼마 뒤에 토론토에서 개척하실 K목사님과 비전을 주고받고 본격적인 기도에 들어갔다. 개척교회를 섬길 것이기에 사례비는 받지 못할 것이 예상되었다. 그러나 아이들은 무상으로 교육할 수 있으므로 일하면서 파트타임으로 교회를 섬길 수 있으리라 생각하면서 믿음으로 토론토행을 결정했다.

하지만 그 과정도 순탄치 않았다. 토론토행을 결정하고 준비하던 중 K목사님으로부터 연락이 왔다. 갑자기 토론토 지방법이 바뀌어서 아이들 교육비가 한 명당 연간 캐나다 달러로 만 불에서 만 이천 불이 필요하게 되었다고 하시며 그래도 토론토에 올 수 있는지 기도해보라고 하셨다. 며칠 기도를 해보았으나 상황이 어려워지더라도 우주보다 크신 하나님을 믿는 믿음에는 변함이 없었다. 이왕 맨땅에 헤딩하는 거 확실하게 하자는 배짱이 생겼다.

"상황에 상관없이 그대로 진행하겠습니다."

그런데 토론토로 떠나기 한 달 전 K목사님으로부터 이상한 메일이 왔다. 한 교회로부터 청빙을 받아 가게 되었고 다른 찬양 사역자를 만나 사역을 하게 되었다는 것이었다. 40년 동안 터를 닦았던 조국에서의 보금자리를 내려놓고 예견되는 힘든 재정적 상황도 무릅쓰고 믿음으로 진행하고 있었는데, 너무 쉽게 나를 거절했다는 불편한 마음이 들었다. 그래도 모든 일은 하나님의 주권 아래 일어나는 일이라는 믿음으로 주님을 더 높이며 찬양을 드렸다.

그런데 이미 하나님께서는 보이지 않는 가운데 뉴욕 쪽으로 길을 열고 계셨다. 사실 토론토행이 진행되는 가운데 성가대 선배를 통하여 뉴욕 어느 교회에서 청년부 사역자로 오라는 제안을 받았다. 하지만 토론토보다 조건이 더 좋다고 하여 그것을 하나님의 뜻으로 해석해버리고 하나님에 대한 믿음과 사람에 대한 의리를 저버리는 것은 아니라는 생각이 들어서 뉴욕 쪽의 제안을 거절했었다. 토론토행이 막힌 그 순간에 내 안의 성령님을 바라보니 성령의 음성이 들리는 듯했다.

'너는 그 땅들을 직접 밟으며 겪어야 할 재정적인 훈련을 준비과정을 통해 다 받았느니라. 내가 너를 형통케 하리라. 뉴욕으로 가라. 내가 그곳에서 너를 통해 할 일이 있다.'

드디어 뉴욕에 도착하다

2003년 1월 28일, 나는 우여곡절 끝에 뉴욕의 어느 한인교회 청년부 사역을 맡게 되어 가족들과 함께 뉴욕 땅을 밟았다. 뉴욕 케네디 공항에는 섬기게 될 교회 분들이 나와 계셨고, 하나님의 깜짝 선물도 준비되어 있었다. 버지니아에 사는 큰형이 공항에 마중 나온 것이었다. 뉴햄프셔행, 토론토행, 뉴욕행 등 기도응답의 고비마다 조언과 기도로 함께해준 고마운 형이었다. 뉴햄프셔에 대한 하나님의 응답을 기다리고 있었을 때 큰형이 말했다.

"용훈아, 무슨 결정을 하든지 어디에 있든지 하나님께서 너와 함께하신다는 확신이 있기 전까지는 절대로 움직이지 마라."

'하나님께서 우리와 함께하신다'는 말은 교회에서 늘 듣는다. 이보다 크리스천에게 힘이 되는 말씀도 없다. 그러나 그 말씀이 내 삶의 중대한 결정의 순간에 살아 있는 레마의 말씀으로 다가오는 것이 중요하다. 그런 차원에서 큰형의 권면은 미국행에 대한 나의 결정에 종지부를 찍는 역할을 했다. 바로 그 형이 뉴욕 공항에 마중 나와 있어 하나님의 함께하심이 더욱 와 닿았다. 주의 음성이 계속 들리는 듯했다.

'내가 너의 길을 인도하리라.'

뉴욕에 와서 처음으로 청년들을 만나는 날이 다가왔다. 열 명 남짓 되는 청년들이 교회 건물 지하 작은 방에 모여 있었다. 첫 대면의 시간이 귀하다는 생각이 들어서 내가 뉴욕에 오게 된 경위와 뉴욕을 향한 비전을 설명했다.

"복음이 예루살렘에서 시작하여 유럽으로 향하였고 유럽에서 미국으로, 미국에서 아시아로 그리고 다시 이스라엘을 향하고 있습니다. 성경 전체를 자세히 보면 이스라엘은 종말의 때를 알려주는 중요한 역할을 한다는 것을 알 수 있습니다. 여러분들은 어떤 의미를 가지고 미국 땅에 살고 있습니까? 하나님께서 이루어가시는 세계선교의 방향성을 알아야 합니다. 그런 의미에서 미국의 역

할은 무엇이며, 미국 동부 지역은 어떤 의미가 있을지 생각해야
합니다.

이 시대를 향한, 전 세계를 향한, 이스라엘을 향한, 그리고 미국
을 향한 하나님의 계획과 흐름을 이해하는 사람과 모르는 사람의
삶에는 큰 차이가 있습니다. 지금부터 하나님의 수레바퀴가 서진
하고 있는 것을 보십시오. 여러분 중에는 직접 선교사로 나갈 사
람도 있을 것입니다. 미국에 있으면서 세계선교의 동향과 이스라
엘의 움직임을 보며 자기의 분야에서 주류사회로 복음을 들고 파
고들 사람도 있을 것입니다. 선교의 완성을 바라보며 비즈니스 영
역에서 킹덤빌더(Kingdom Builder, 하나님의 나라를 선포하는 자)이자 중보
자로서 역할을 해야 할 사람도 있을 것입니다.

특별히 한국은 마지막 시대를 위해 준비된 민족입니다. 하나님
께서 적당히 세상과 타협하며 잘 먹고 잘 살게 하려고 여러분을
머나먼 타지 미국으로 오게 하신 것이 아닙니다. 여러분 안에 계
신 성령님께 집중하십시오. 그 성령께서 아버지의 뜻을 알려주시
고 그 뜻 가운데로 인도하실 것입니다."

교적부에서 발견한 이름

청년부 사역자로 섬기기 시작한 지 수개월이 흘렀을 무렵이었
다. 교회 사무실에서 성도 교적부를 무심코 뒤적이다 아주 낯익은

이름들을 발견했다.

'지종한(현재 지요한 목사), 문운경, 지수경.'

내가 사역을 하게 된 그 교회가 둘째 형 가족이 1989년에 뉴욕으로 이민 와서 다닌 교회였던 것이다. 신기한 일이었다. 더욱이 '수경'이라는 조카의 이름은 나의 태몽에 의해서 지어진 것이었다.

내가 제대하자마자 작은형수가 첫아이를 출산했다. 작은형수의 출산은 의미가 있었다. 집안에서 최초로 태어나는 아이였기 때문이다. 작은형수가 출산하기 이틀 전에 나는 꿈을 꿨다. 지금도 생생하다. 우리 집에 불이 나서 천정이 다 타들어가고 있는데 어른들은 모두 태연스레 자고 있었다. 그런데 갑자기 예쁜 여자아이가 나타나더니 어른들을 깨워서 살렸다. 깨보니 꿈이었다. 그렇게 드라마틱한 꿈을 꿔본 적이 없었던 나는 그 꿈이 태몽이 분명하며 여자아이가 가족들을 살린 것을 생각하며 작은형수가 딸을 낳을 것이라는 확신이 들었다. 그러나 아무에게도 그 꿈을 말하지는 않았다.

내 예상은 적중했다. 이틀 뒤에 작은형수가 딸을 출산했다는 소식을 들었을 때 비로소 나는 가족들에게 꿈 이야기를 했다. 모든 가족들이 태몽이라고 인정했고, 미국 버지니아로 이민 간 큰형이 나의 태몽을 가지고 기도하며 말씀을 묵상하는 가운데, 집에 큰불이 난 것을 알려서(警) 가족들을 지켰다(守)는 의미로 '수경'이라고 이름을 지었다.

그것은 결코 우연이 아니었다. 전능하신 하나님께서 우리의 지, 정, 의를 사용하셔서서 당신의 분명한 계획을 조카의 이름 속에 숨겨두신 것이었다.

천국과 지옥을 알려주고 간 아이

작은형은 뉴욕에 있는 돈을 자기 수중에 다 모으겠다고 호언장담을 하고 한국 땅을 떠났다. 형은 미국에 도착해서 열심히 일하며 돈을 벌었고, 일할 때 쌓인 스트레스를 세상적으로 풀었다. 어려서 교회를 다녔으나 고1 때부터 발길을 끊었고 미국에 도착해서 교회에 등록은 했으나 한 달에 한 번 정도 오락가락하는 형식적인 교인의 삶을 살았다.

어느 주일에 작은형은 수경이를 데리고 친구 가족과 함께 해변으로 소풍을 갔다. 한참을 놀다가 집에 돌아갈 준비를 하는데 수경이가 보이지 않았다. 결국 수경이는 두 시간 후 물속에서 숨진 채 발견되었다. 작은형은 하늘이 무너져 내린 것 같은 심정으로 장례식을 치르고 집으로 돌아왔다. 위로하기 위해 집까지 따라온 조문객 중 한 사람이 양주 한 잔을 따라주면서 말했다.

"한잔 털어 넣고 잊어버리게나."

형은 딸을 잃은 슬픔을 씻으려고 잔을 입으로 가져갔다. 그때 작은형수가 절규하듯 말했다.

"수경이 태어날 때도 술 먹었고, 술 먹다가 수경이 잃어버리더니 수경이 보낼 때도 술 먹을 거야?"

형은 갑자기 뒤통수를 망치로 얻어맞은 것 같은 충격을 느꼈고 그 순간 하나님의 음성을 들었다.

'수경이는 내 품에 잘 안겼다. 수경이는 널 구하기 위해 보낸 나의 종이니라. 네가 세상 속에 파묻혀 살다가 영원한 지옥불에 떨어질까봐 내가 수경이를 통해 너의 영혼을 지키려고(守), 천국과 지옥이 있음을 알려주려고(警) 계획한 일이니라.'

작은형과 형수는 그 음성을 듣고 놀라운 평강이 임함을 느꼈다.

장례식 며칠 뒤에 형의 처가 식구들이 위로의 자리를 마련했다. 형은 그 자리에서 벌떡 일어나 평안한 모습으로 복음을 전했다.

"수경이는 하나님 품에 잘 안겨 있습니다. 예수님을 믿으세요. 천국과 지옥은 확실히 있습니다."

수경이 장례식 후 그 모든 일이 하나님의 섭리였음이 속속들이 밝혀졌다. 첫 번째로 아이 얼굴은 물에 익사한 여느 사람들의 얼굴과는 달리 아주 깨끗했다. 그리고 아이가 마치 자신의 마지막 시간을 알고 있었던 것처럼 익사한 물가 바로 앞에 아이의 신발이 가지런히 정돈되어 있었다. 교회 주일학교 교사들 말에 의하면 수경이는 평소 여자아이답지 않게 아이들을 몰고 다니는 골목대장

같은 성격이었다고 한다. 그런데 하나님 품에 안기기 몇 주일 전부터 아이들과 잘 놀지 않고 자주 십자가 앞으로 가서 무릎을 꿇고 기도했다고 한다. 더욱 놀라운 것은 수경이가 주일학교에서 그린 그림이 발견되었는데 그것은 천사가 자기를 데리고 하늘로 올라가는 그림이었다.

하나님께서는 분명한 목적을 가지고 수경이를 이 땅에 보내셨다. 그 목적을 나의 꿈을 통해 보여주셨고, 큰형을 통해 그 꿈에 맞추어 이름을 짓게 하셨다. 그리고 결국 이름 그대로 자신의 아빠에게 천국과 지옥이 있음을 알리고 떠났다. 더욱이 하나님께서는 수경이를 통해 수경이 아빠의 영혼을 지키셨을 뿐만 아니라 더 많은 영혼들을 지키실 계획을 가지고 계셨다.

작은형은 그 일을 겪고 나서 영혼의 안식을 얻었으나 육적으로 허전한 마음을 달래기는 힘들었다. 그래서 버지니아에 사는 큰형 곁으로 거처를 옮기고 세탁소에 다니며 말씀을 암송하기 시작했다. 말씀을 묵상하지 않으면 그 슬픔을 이길 수 없었다. 성경말씀을 적어서 세탁소 벽에 붙여놓고 하루 종일 말씀을 암송하며 하나님을 바라보았다.

그러던 어느 날 작은형에게 한 가지 소원이 생겼다. 사람들에게 천국과 지옥이 있음을 알리고 복음을 전하고자 하는 소망이었다. 소망을 품고 하나님을 기다리던 어느 날 하나님께서 소명의 말씀을 주셨다. 작은형은 신학대학원을 졸업한 뒤 목사 안수를 받았고 곧 교회를 개척했지만 쉽지 않았다. 하나님의 분명한 음성을 듣고 버지니아, 노스캐롤라이나 그리고 오하이오로 거처를 옮기며 교회를 섬겼으나 십수 년 동안 성도 수가 다섯 명을 넘기지 못했다. 형은 고통의 시간을 이기기 위해 필사적으로 말씀을 암송했다.

그렇게 살기 위해 암송할 수밖에 없었던 구절들이 쌓여 5000절이나 되었고 이후 형은 성령님의 놀라운 인도하심으로 '성경암송 드라마 설교'라는 새로운 분야를 통해 수많은 영혼들에게 종말을 알리며 예수님의 재림을 예비하는 세례 요한의 사역을 감당하고 있다.

그리고 수경이의 태몽을 꾼 나도 전혀 의도한 바 없이 뉴욕에 와서 수경이가 다니던 교회를 섬기고 하나님께서 이루어가시는 훈련 과정을 통과하면서 뉴욕 맨해튼에서 세계 열방 민족과 이스라엘의 영혼들에게 구원의 소식을 전하는 전도자와 중보자로 사역하게 되었다.

성령님을 향한 뜨거운 갈망

한인교회 청년부 사역은 아주 보람 있었다. 내가 배우고 깨닫고 누리는 십자가의 도를 계속 외치면서 그들 안에 계신 성령님께만 집중하도록 가르쳤다. 한편 성령께서는 내게 새 일을 맡기시기 위해 새 기름부으심을 준비하고 계셨다.

나는 1997년 1월 1일부터 갈라디아서 2장 20절을 뼛속 깊이 새기기 시작했다.

내가 그리스도와 함께 십자가에 못 박혔나니 그런즉 이제는 내가 사는 것이 아니요 오직 내 안에 그리스도께서 사시는 것이라 이제 내가 육체 가운데 사는 것은 나를 사랑하사 나를 위하여 자기 자신을 버리신 하나님의 아들을 믿는 믿음 안에서 사는 것이라 갈 2:20

이 말씀대로 나는 죽고 내 안에 사시는 그리스도이신 성령님을 높이면서 성령님께만 집중하는 기도를 시작했다. 자기를 부인하는 십자가의 실천은 우선 기도 속에서 이루어져야 하는 것이기에 기도 가운데 내 생각을 계속 내려놓고 성령님께 집중했다.

그러나 성령님을 향한 나의 집중은 몇 분을 지속하지 못했다. 성령께 집중하여 찬양하고 경배하다가도 금방 내 생각은 세상을 향해 달려갔다. 즉시 그 생각을 십자가에 못 박으며 내 안에 계신 성령께로 돌이키는 것을 반복했다. 그러다보니 놀라운 일들이 일어나기 시작했다. 비록 오래도록 깊이 성령께 잠겨 있지는 못했지만, 기도의 영역에서 내 안에 계시는 성령님께로 돌이키는 것이 훈련되는 만큼, 삶의 영역에서도 주님을 바라보는 것이 쉬워졌다. 두려움이나 염려, 실패로 인한 좌절 그리고 관계의 아픔이 있었지만, 그것에 오래 빠져 있지 않고, 곧장 내 안의 성령님을 바라보고 금방 평강을 되찾고 누릴 수 있었다.

그럴수록 기도 속에서 더 오래 성령께 집중하고 싶은 갈증은 더 해갔다. 세월이 흘러 2006년이 되었지만 1997년부터 시작한 성령님을 향한 집중 기도는 좀처럼 진전이 없었다. 그래도 나는 갓난아이가 어미의 젖을 탐하듯 성령님만을 바라보고 또 바라보았다. 세상을 향하다가도 다시 돌아오는 나를 따뜻하게 맞아주신 성령님의 사랑이 있었기에 어려운 상황 속에서도 그 기도를 계속할 수 있었다. 그러던 어느 날, 성령님의 새로운 음성이 들렸다.

'사랑하는 자야, 나를 향한 너의 몸부림을 오래도록 지켜보았노라. 너는 9년 동안 다른 어떤 것도 구하지 않았다. 다만, 네 안에 있는 나를 단순히 바라보고 싶어했다. 너의 순수한 마음을 내가 그동안 기쁘게 받았노라. 정말 고맙다. 너는 나를 참으로 사랑하는구나. 내가 너에게 나를 바라볼 수 있는 새로운 영적 전략을 주노라. 말씀이신 그리스도께서 나(성령)에 대해 하신 말씀들을 암송하여 나를 바라보라. 요한복음 14장에 있는 말씀부터 암송하라. 새벽에 공원에서 걸으며 암송한 말씀을 단순히 반복하며 나에게 집

중하라. 너는 새로운 차원으로 나와 교제하게 되리라.'

이것은 전혀 새로운 음성이었다.

'말씀이신 그리스도께서 성령에 대해 하신 말씀?'

어디서도 들어보지 못한 표현이었다. 그 표현을 곰곰이 생각해 보니 새로운 통찰력이 생기기 시작했다.

'태초에 말씀이 계셨는데 그 말씀이 하나님이셨다. 말씀이 육신이 되어 오신 분이 그리스도시며, 그가 죽으시고 부활하시고 다시 보좌에 오르셔서 부어주신 성령이 그리스도의 영(靈)이시다. 그렇다면 그리스도께서 직접 그 영에 대해 하신 말씀은 성령님께 집중하는 최고의 통로이지 않을까?'

성경암송으로 체험한 생수의 강

요한복음을 펼쳤다. 요한복음 14장 16절이 눈에 들어왔다.

내가 아버지께 구하겠으니 그가 또 다른 보혜사를 너희에게 주사 영원토록 너희와 함께 있게 하리니

우선 이 구절을 머리로 암송했다. 그리고 다음 날 새벽에 집 근처 커닝햄 공원으로 나갔다. 잔디 운동장을 돌면서 요한복음 14장 16절을 암송하며 내 안의 성령님을 바라보기 시작했다.

"내가 아버지께 구하겠으니."

암송을 시작하는데 이상하게도 앞의 세 단어가 자꾸 반복되었다.

"내가 아버지께 구하겠으니, 내가 아버지께 구하겠으니, 내가 아버지께 구하겠으니….."

앞의 세 단어를 계속 반복하면서 내 걸음은 더욱 빨라졌다. 그리고 9년 만에 처음으로 생각과 마음이 흩어지는 것이 완벽하게 통제되면서 성령님을 더 오래 집중하여 바라볼 수 있었다. 얼마의 시간이 흘렀는지 모르겠지만 꽤 긴 시간 동안 나는 그렇게 세 단어만을 되뇌이며 내 안의 성령께 집중했다.

그때 내 영혼 깊은 곳에서 성령님께서 새롭게 흘러넘치시기 시작하셨다. 생수의 강이었다. 주체할 수 없는, 뭐라 설명할 수 없는, 영혼 깊은 곳에서 흘러넘치시는 성령님을 느낄 수 있었다. 그러면서 내 영(靈)은 기뻐 춤추었다. 바보처럼 몸을 허우적거리며 입술은 계속 "내가 아버지께 구하겠으니"를 반복하는 동안 나는 성령님의 능력 안에 깊이 잠겼다. 그리고 그 세 단어에 대한 아버지의 마음과 뜻과 생각이 무엇인지 깨달아지기 시작하였다.

그저 내 안에 계신 성령님을 믿고 입술로 말씀을 선포했을 뿐인데 그 구절에 대한 하나님의 생각이 자연스럽게 깨달아진 것이다. 그러더니 갑자기 삼위일체 하나님, 특히 성령님에 대한 놀라운 복음의 주제들이 하늘로부터 쏟아지는 것을 볼 수 있었다. 그 내용들이 참으로 깊고 새로운 것이어서 나는 당장 집으로 가서 그것들을 기록해놓고 싶었다. 그러나 성령께서 금방 내 마음을 읽으시고 말씀하셨다.

'지금은 나와 새롭고 깊은 사귐을 가져야 할 때이니라. 모든 것을 내려놓고 나만을 집중하라. 기도가 끝나고 집으로 돌아가면 다 생각날 것이니라.'

나는 성령님의 말씀을 신뢰하며 더 깊은 평안 가운데서 다음 구절을 암송하기 시작했다.

"그가 또 다른 보혜사를 너희에게 주사."

이번에도 역시 이 여섯 개의 단어들만 되풀이되었다. 나의 의도와는 상관없이 이 단어들을 계속 큰 소리로 반복하여 외치면서 내 안의 성령께 온전히 집중할 수 있었다. 그러자 또 성령님에 대한 놀라운 계시들이 하늘로부터 쏟아져 내려왔다. 성령님에 대한 계시를 구한 것이 아니라 단순히 성령님에 대한 말씀을 암송하며 내 생각을 내려놓기만 한 것인데, 성령님에 대한 영적 깨달음이 쏟아지는 것을 체험하면서 비로소 과거의 내가 어떠한 상태였는지를 알게 되었다. 그동안 나는 나의 경험과 지식에 묶여서 그 안에서만 하나님을 이해하고 있었다. 하나님에 관한 지식이 머리로만 하는 지적인 묵상에 머물러 있었음을 알게 되었다. 말씀을 머리로 이해하여 깨달았다고 하는 것들도 이미 고정된 지식의 테두리 안에서만 맴도는 것일 뿐이었다.

그 다음 구절인 "영원토록 너희와 함께 있게 하리니"를 반복하는 동안 폭포수와 같은 눈물이 쏟아지기 시작했고, 그 눈물과 함께 성령님은 생수의 강으로 계속 흘러넘치셨다.

마지막에는 요한복음 14장 16절 전체를 한 번에 암송했는데 그 구절이 머리로 암송되는 차원에서 벗어나 영에 새겨진 것을 알 수 있었다. 그때 하박국서 2장 2절 말씀의 의미가 영으로 깨달아졌다.

여호와께서 내게 대답하여 이르시되 너는 이 묵시를 기록하여 판에 명백히 새기되 달려가면서도 읽을 수 있게 하라

나는 요한복음 14장 16절 한 구절을 거의 한 시간 동안 큰 소리로 암송하며 성령님께 온전히 집중할 수 있었다. 새로운 기도의 차원에 돌입한 나의 영이 기뻐 춤추기 시작했다. 그리고 전혀 뜻밖의 계시들, 성령님 자체에 대한 놀라운 깨달음을 받게 되면서 성령께서 새롭게 주신 전략을 계속 취하기로 마음먹었다.

나는 우선 요한복음 14,15,16장에 있는 그리스도께서 성령에 대해 하신 말씀들을 한 구절씩 암송하며 새벽에 공원으로 나가 성령님을 바라보았다. 그렇게 새로운 성령님과 교제를 통해, 삼위일체 하나님의 신비와 그 하나님께서 성령님으로서 역사하시고자

하는 놀라운 비밀들을 새롭고 풍성하게 알아가기 시작했다. 그 기도에 빠져들면서 신약성경에 있는 '성령', '그리스도의 영', '주의 영' 등 성령님의 이름이 있는 구절을 모조리 암송하게 되었고, 그 말씀들을 가지고 내 안의 성령님을 바라보며 찬양하고 경배하게 되었다.

나는 1997년부터 십자가에 관계된 말씀과 야고보서 전체를 암송하고 있었는데, 성령님에 대한 말씀이 합쳐져서 총 1000절가량의 말씀을 지속적으로 암송하게 되었다. 암송한 말씀을 통해 마르지 않는 생수의 강이 계속 흘러넘치고 그 기름부으심으로 인하여 하나님, 성령님, 십자가, 생명의 성령의 법 등 복음에 대한 새로운 깨달음을 얻게 되었다. 그리고 그 깨달음은 이후 모든 사역의 가장 중요한 원동력이 되고 있다.

홀로 설 시간

새로운 기름부으심으로 무장되어지고, 청년부 사역이 5년째로 접어들던 2007년, 여름 휴가를 보내는 동안 미래에 대한 하나님의 뜻을 심각하게 구하기 시작했다.

'하나님, 미국과 세계선교의 비전을 위해서 저를 이곳 뉴욕으로 부르셨는데, 내년에도 교회에서 청년부 사역을 계속 감당하기를 원하십니까? 아니면 이제 내려놓을까요?'

김종필 목사님과 어리바리 중보팀과 보스턴 하버드 대학에서
전 세계에 하나님의 진리가 퍼져나가기를 선포하며.

휴가가 끝나면서 100일 작정기도에 돌입하기로 결심했다. 삶의 중요한 기로에서 난 작정기도로 효과를 톡톡히 봤다. 작정기도를 통해 아내도 만났고, 미국과 세계선교에 대한 꿈을 갖게 되어서 미국으로 오게 되었다. 휴가가 끝남과 동시에 기도에 돌입했다. 성령께서는 매일 아침마다 뉴욕으로 부르신 목적을 말씀으로 계속 확인시켜주셨다.

작정기도가 끝나기 2주 전 아침이었다. 하나님은 교회를 사임하라는 음성을 주셨다.

'이제 홀로 서라. 때가 되었다.'

섬기던 교회에 사임 의사를 밝히고 12월 30일 부로 사임하기로 했다. 그 사이 엘리야 김(한국명:김종필) 목사님이라는 분이 오셔서 주일 설교를 하셨다.

목사님은 필리핀에서 13년간 선교를 하시고 영국으로 가서 역사 신학과 부흥에 대한 연구로 박사 학위를 받으셨다. 그후 필리핀으로 다시 돌아오려던 중 하나님의 음성을 듣고 미국 보스턴으로 와서 마지막 때 미국의 부흥과 전 세계의 대추수를 준비하고 계셨다. 목사님의 메시지 대부분이 하나님께서 내게 주신 미국과 세계를 향한 비전과 일치했다. 일치할 뿐만 아니라 목사님은 이미 그 비전들을 이루어가고 계셨다. 설교를 듣는 동안 성령님은 내가 교회를 사임할 때임을 더 확실히 확증해주셨다.

사임 직후 엘리야 김 목사님께서 퀸스에 있는 어느 교회에서 금
요일부터 3일 동안 부흥회를 하신다는 소식을 들었다. 나는 토요
일부터 부흥회에 참석하였는데 설교 직후 기도 시간에 김 목사님
께서 나를 위해 기도해주셨다. 목사님은 나에 대해 모르시는 상태
에서 나의 상황에 대해 정확하게 언급하시면서 '청년들을 군대로
일으킬 것'이라는 예언적인 메시지를 주셨다.

다음 날 주일에는 예기치 않게 목사님과 개인적인 교제를 나눌
수 있었다. 우리는 짧은 시간의 교제를 통하여 미국과 세계선교의
비전을 나눴다. 엘리야 김 목사님과의 만남은 뉴욕 맨해튼에서의
열방과 이스라엘을 위한 전도와 영적전쟁 사역이 확장되는 데에
있어서 가장 중요한 만남이었다.

CHAPTER 4

피켓을 들고
뉴욕 한복판에 서다

홀로 맨해튼 거리로 나가다

정작 교회 사역을 그만두고 나니 막막했다. 하지만 손가락만 빨고 있을 수는 없었다. 우선 내가 할 수 있는 최선의 일이 무엇인지 생각해보았다. 내 마음속에 전도가 떠올랐다. 타 문화권에서 전도하는 것이 바로 선교이다. 그런데 나는 이미 타 문화권인 미국에 와 있었다. 게다가 뉴욕은 세계 모든 민족이 모여 있는 곳이므로 여기서 복음을 전하면 미국 선교와 세계선교가 동시에 이루어지는 것이었다.

'사역의 규모를 갖추고 안 갖추고를 떠나서 혈혈단신으로도 충분히 미국 선교와 세계선교를 할 수 있다.'

나는 그런 믿음으로 뉴욕 거리 전도에 총력을 기울이기로 마음
먹었다. 내 마음을 아신 하나님께서는 작은 자들의 손길로 삶의
필요를 공급할 준비를 하고 계셨다. 교회를 사임하고 한 달이 채
지나지 않아서 한 청년을 만났다. 그는 선교에 비전이 있다면서
이렇게 말했다.

"성령님께서 갑자기 저를 책망하셨어요. 선교에 대한 비전만
있을 뿐 작은 움직임도 없는 것을 꾸짖으셨죠. 그 사랑의 책망을
듣고 선교사를 물질로 돕는 일부터 해야겠다는 마음이 들었고, 가
까운 곳에 도울 자가 있는지 살펴보다가 목사님께서 교회를 그만
두시고 선교의 전선에 뛰어들었다는 소식을 들었어요."

그는 자신을 비롯해 정기적으로 물질로 후원하려는 사람들을
더 모았다고 했다. 교회를 사임한 후 새로운 사역과 재정이 안정
될 때까지 그 지체들의 헌신이 아주 큰 도움이 되었다. 하나님께
서 책임져주실 것을 믿고 내가 붙잡고 있는 것을 내려놓았을 때
하나님께서는 당신의 살아계심을 작은 자들의 손길을 통해 보여
주셨다.

나는 우선 뉴욕 맨해튼에서 본격적으로 전도를 하기로 했다. 그
순간 한국에 계신 멘토 박충남 목사님의 전도 피켓이 생각났다.

'이왕 홀로서기 시작하는 거 확실하게 하자. 피켓을 들고 전도
하러 나가자.'

이런 마음을 먹고 박 목사님께 전도 피켓을 보내달라고 메일을 보냈다. 얼마 후 목사님으로부터 정성스럽게 포장된 전도 피켓이 도착했다.

한국에서부터 노방전도를 해왔지만 전도 피켓을 들고 하지는 않았다. 미국에 와서도 청년부 사역을 하면서 매주 월요일마다 한인타운 전철역 입구에서 영어로 복음을 전할 때에도 입술로 선포하며 전도지만 나누어주었다. 사실 5년 동안 뉴욕에 있으면서 답답한 부분이 없지 않았다. 세계적인 도시 뉴욕에 있는데도 마치 우물 안 개구리와 같은 모습이었기 때문이다. 그런데 전도 피켓을 들고 나가면서부터 미국과 세계선교를 위한 사역자로서의 정체성이 찾아지는 것 같았다.

전도 피켓을 들고 나가는 것에는 또 다른 중요한 의미가 있었다. 피켓을 들게 됨으로써 나는 예수님께 미친 사람이며, 전도자이며, 선교사임을 세상 앞에 확실히 드러내게 되는 것이다. 그리고 처음엔 몰랐지만 전도 피켓은 2001년에 하나님이 나에게 주신 '여호사밧 프로젝트'를 가시적으로 이루어가기 위한 놀라운 전략이었다. 칼과 창을 가진 군대보다 앞서서 적진을 향해 나아갔던 노래하는 군대, 그들은 목숨을 내놓고 적진을 향해 뛰어든 순교자들이었다. 세상에서 피켓을 들고 예수님의 이름을 적나라하게 드러내는 것은 자기를 부인하는 여호사밧의 군대의 모습이었다.

첫 피켓 노방전도

처음 피켓을 들고 나갈 때 약간은 창피했다. 그러나 이내 '예수님의 이름이, 복음이 부끄러운 것이 아니지 않는가?'라고 자문하며 담대히 피켓을 들고 나갔다. 처음 나의 피켓을 본 사람은 신실한 크리스천이었던 것 같다. 그는 피켓의 문구를 그대로 선포하며 엄지손가락을 세워서 나에게 보여주었다.

"Believe in the Lord Jesus. Hallelujah(주 예수를 믿으라. 할렐루야)!"

하나님께서는 첫 긍정적인 반응을 통해 나를 격려하셨다. 격려를 받으니 힘이 솟아났다. 그러나 바로 다음 사람은 유대인이었는데 나에게 다가오더니 마구 비난을 하는 것이었다. 그의 비난에 슬쩍 반응을 보이려고 하는데 어느 미국 할머니가 오더니 그 유대인을 향하여 비난을 퍼부었다.

"이 사람이 자신의 신앙을 표현하고 있는 것인데 당신이 왜 참견하느냐."

두 사람이 싸우는 동안 나는 슬그머니 자리를 떴는데 신호 대기 중이었던 어떤 차에서 경적이 울렸다. 소리가 나는 곳을 쳐다보니 한 흑인이 차 안에서 엄지손가락을 세워주며 나에게 윙크를 하는 것이었다. 한국에서 박충남 목사님이 피켓을 들고 전도하실 때 하신 말씀이 생각났다.

뉴욕증권거래소 앞에서 전도 피켓을 들고.

"이 피켓이 아주 놀라운 역할을 합니다."

피켓을 처음 들고 나온 날 확실히 그 의미를 깨달을 수 있었다. 피켓에 반응을 보이는 부류는 긍정적인 반응과 부정적인 반응 크게 두 종류다. 지나가는 한 백인 신사가 나를 지나치며 한 마디 툭 던진다.

"I am atheist(난 무신론자예요)."

또 어떤 백인 신사는 "Precious name, Jesus(귀하신 이름 예수)!"라고 외친다. 한 여성이 길을 가다가 말고 다시 돌아와서 내 귀에 속삭인다.

"Good job(좋은 일 하시네요)!"

전도 피켓의 효과 중 하나가 바로 이런 것이다. 따로 말을 건네지 않아도 피켓을 보고 자신이 어떤 세계관을 가지고 있는지에 대해 스스로 밝힌다. 전도 피켓은 세상과 하나님, 둘 중 어느 쪽으로 치우쳐 있는지를 가려내는 도구이다.

성령충만한 전도자와 주의 자녀들을 만나면 아름다운 만남과 대화가 이루어지고, 중보할 수 있는 관계로까지 발전하여 지속적으로 연락을 주고받기도 한다. 어떤 경우 내가 그들의 교회에 가서 사역을 하기도 하니 참으로 놀라운 일이다.

피켓을 보고 좇아와서 위로의 기도를 받고 엉엉 울다간 사람도 있었다. 중대한 결정을 내려야 하는 상황에서 염려와 불안 가운데 있다가 피켓에 씌어진 "예수님을 믿으세요"라는 문구를 보고 힘을 얻고 나서 그날 회사에서 위기를 극복했다고 고백한 자매도 있었다.

반면에 예수님의 이름을 드러내놓고 다니기에 핍박도 심심치 않게 당한다. 눈을 요상하게 흘기며 조롱하는 남자도 있고, 노골적으로 혀를 내밀며 놀리는 백인도 있었다. 한번은 흑인 한 명이 뒤에서 귀찮게 "He is black(예수는 흑인이었다)" 하는 말을 반복하며 따라왔다. 예수가 흑인이라고 주장하는 과격 단체의 멤버였다. "Jesus is the devil(예수는 마귀다)" 또는 "Jesus was a gay(예수는 동성애자였다)"라면서 예수님을 모욕하는 불쌍한 사람들도 있었다. 고개를 좌우로 흔들며 나를 불쌍하다는 듯 쳐다보는 사람, 눈앞에서 받은 전도지를 구겨서 버리는 사람, 전도지를 받자마자 찢으려 하는 사람, 손가락 욕을 하고 지나가는 사람, 입에 담지 못할 욕을 하는 사람 등 각양각색이다.

이처럼 피켓은 양과 염소를 확실하게 구별하게 하는 놀라운 능력을 발휘한다. 참 매력적인 전도의 도구다.

거리에서 성령님의 음성을 듣다

하루는 피켓을 집에 두고 나온 적이 있다. 전쟁터에 나가는 군인이 소총을 안 들고 나간 격이다.

지하철역에 도착해서야 피켓을 두고 나온 것이 생각났다. 할 수 없이 지하철을 타고 노래를 부르고 복음을 외치고 전도지를 나누어주었다. 35명 정도 탔는데 3명만 빼고 전도지를 다 받았다. 평소보다 훨씬 많은 숫자가 전도지를 받았다. 나는 그 이유를 안다. 평소에는 "BELIEVE IN THE LORD JESUS"라고 씌어진 피켓을 들고 하기 때문이다. "나는 예수쟁이입니다"라는 것을 드러내놓고 하기에 '아휴, 저 예수쟁이…'라는 마음을 갖는 사람들은 아예 전도지를 받을 생각도 안 한다.

반면에 피켓 없이 성악가의 기름진 목소리로 국민 노래이다시피한 〈You raise me up(당신은 나를 일으킵니다)〉을 부르면 호응도 좋고 전해주는 전도지를 호기심 있게 받아보는 것 같다.

그럴 때면 십자가의 도(道)가 멸망하는 사람들에게는 미련한 것이라는 말씀이 떠오른다.

십자가의 도가 멸망하는 자들에게는 미련한 것이요 구원을 받는 우리에게는 하나님의 능력이라 고전 1:18

우리가 예수님의 이름을 당당히 앞세우면 세상으로부터 부정적인 반응을 더 많이 경험한다. 그래서 난 누가 뭐래도 피켓 드는 것을 더 고집하고 싶다. 그분의 이름으로 인해 더 천대받고, 고난

받을수록 그분과 더욱 친밀한 관계로 들어갈 수 있으리라는 믿음 때문이다.

한국에서 1998년부터 노방전도를 시작한 것으로 기억한다. 언젠가 전도를 하며 그런 다짐을 했다.

'주님, 제가 나중에 어떤 모양으로 사역을 하든지, 어느 자리에 있든지 이 거리 전도는 계속하겠습니다. 거리야말로 내가 누구인지 확실히 알 수 있는 곳이고, 겸손을 유지할 수 있는 곳이기 때문입니다.'

내가 피켓을 들고 거리에 나설 때 가장 먼저 느끼는 감정은 부끄러움이다. 피켓을 든 내 모습이 아직도 부끄러운 것이다. 내가 예수님의 이름을 세상에 드러내기를 부끄럽게 생각하는 부분이 있다는 증거가 아닐까 생각하며 한 찬양곡의 가사를 떠올린다.

"오, 주의 사랑 부끄러워 않겠어요. 주의 사랑으로 변화시켜주시옵소서."

전도 피켓을 들고 하는 노방전도 사역은 나의 영적 상태를 적나라하게 보여준다. 나의 부족한 모습을 발견한 즉시 성령의 음성을 듣는 곳이 거리 전도의 현장이다. '그래도 내가 너를 사랑하며 너와 함께하리라' 라는 성령님의 음성을 듣는 현장이 거리다.

믿음의 선포

피켓 전도의 위력은 내가 다가가지도 않았는데 위로 받을 사람들, 생명을 얻을 사람들이 찾아온다는 것이다. 하루는 월스트리트 맞은편 모퉁이에서 복음을 전하고 있는데 40대 중반의 한 흑인이 다가오고 있었다. 피켓에 씌어진 'JESUS'라는 글자를 보고 온 것이다. 그는 가까이 오더니 전도지를 달라고 했다. 그의 눈에는 눈물이 고여 있었다.

"Why are you crying(왜 울고 있죠)?"

"I am back sliding(나는 지금 타락하고 있어요)."

예수님을 믿는지 물었더니 크리스천이라고 대답했다. 오늘 죽어도 천국에 갈 수 있는지 물었다.

"예."

"무슨 이유로 당신이 천국에 갈 수 있다고 확신하나요?"

"나는 공로 없지만 주께서 나를 위해 십자가에 달려 죽으신 것을 믿기에 난 믿음으로 하나님 품에 안길 수 있습니다. 하지만 지금 나는 죄를 이기지 못하고 타락하고 있습니다. 나를 좀 도와주세요."

흐느껴 우는 그에게 로마서 8장 말씀을 근거로 그리스도 예수 안에 있는 자에게는 결코 정죄함이 없고 그리스도 예수 안에 있는 생명의 성령의 법이 죄와 사망의 법에서 그를 해방했다고 선포하고 기도를 해주었다. 그는 기도하는 내내 목 놓아 울고 있었다. 기도가 끝나자 그는 고맙다는 인사를 하고 내게서 멀어져갔다. 그의 이름을 물어보지 않은 것이 생각나 떠나가는 그에게 큰 소리로 물었다.

"이름이 뭐예요?"

"Cliff."

그 이름은 '벼랑, 낭떠러지'라는 뜻이다. 순간적으로 그가 이름 때문에 그러한 삶을 살고 있는지도 모른다는 생각이 들어 그를 향해 외쳤다.

"이름을 바꾸세요!"

어느 날 23번지 모퉁이에서 전도를 하고 있는데 뒤에서 무슨 소리가 들려서 쳐다보니 계단에 앉아 있던 흑인 청년이 나에게 기도를 요청하는 것이었다. 기도제목이 뭐냐고 물었더니 자신은 크리스천인데 어렸을 때부터 동성애에 빠져서 헤어나지 못하고 있다고 했다.

"어렸을 때 교회에 다니면서 목사님이 되고 싶다는 기도를 한 적도 있어요."

"주님은 기도를 들으시는 분이에요. 당신은 변화되어 반드시 하나님의 귀한 종이 될 수 있어요. 힘을 내요."

나는 격려하면서 동성애의 죄가 끊어지기를 간절히 기도했다.

하루는 금식하면서 브로드웨이를 걸으며 기도를 하고 있었다. 금식 3일째였기 때문에 힘이 없어서 속으로 성령님께 기도했다.

'오늘은 그냥 걸으며 기도만 할게요. 사람들에게 다가가 전도할 힘이 없네요.'

그때 뒤에서 작은 목소리가 들렸다.

"I need the salvation(나는 구원이 필요해요)."

사람들에게 다가가서 복음을 전하여 생명을 얻도록 하기가 쉽지 않다는 것을 아는 나로서는 '이게 웬 떡이냐'라는 마음을 갖지 않을 수가 없었다. 뒤돌아보니 미국 청년이었다. 하나님의 놀라운 은혜의 복음에 대해 설명을 해주자 그는 예수님을 구세주로 신실하게 고백했다.

어느 날 42번가 7애비뉴 모퉁이에서 전도하고 있는 내 앞으로 미국 남자 고등학생 네 명이 지나가고 있었다. 그들을 향하여 선포했다.

"Believe in the Lord Jesus and you will be saved(예수님을 구주로 믿으세요. 그러면 구원을 받습니다)."

세 명은 무시하고 그냥 지나갔는데 맨 뒤에 가던 한 학생이 내 앞에 멈춰 섰다. 나는 그에게 복음을 간략하고 정확하게 제시하며 예수님을 구세주로 고백할 수 있겠냐고 물었다. 그는 그렇게 하겠다고 대답했고 영접기도를 따라하기 시작했다. "예수님의 이름으로 기도합니다"와 함께 기도를 마무리하려고 하는 순간, 앞에 가던 친구 한 명이 와서 말했다.

"얘는 동성애자예요."

순간적으로 주님의 말씀이 떠올랐다.

'인자를 거역하는 자는 사하심을 받으려니와 성령을 모독하는 자는 사하심을 받지 못하리라.'(눅 12:10)

동성애가 심각한 죄이기는 하나 오직 용서받지 못할 죄는 성령을 모독하는 죄뿐이라는 생각을 하며 그에게 말했다.

"문제없어요! 죄를 고백하면 하나님이 용서하십니다."

"정말이에요?"

"물론이죠."

"와우, 놀라워요!"

그러면서 그는 영접기도를 스스로 마무리했다.

내가 이름을 물었다.

"피터(Peter)입니다."

그 순간 내 입에서 선포하듯 말이 튀어나왔다.

"넌, 베드로처럼 될 수 있어!"

이방인들의 고백

어느 날 맨해튼으로 들어가기 위해 전철을 탔다. 종점이라 텅

빈 전철에 할머니 한 분이 앉아 계셨다. 성령께서 그 할머니에게 다가가라는 사인을 주시는 것 같았다. 전철에 자리도 많은데 피켓을 들고 그 할머니 옆에 앉는 것은 그녀를 괴롭히는 일이라고 생각하고 있는데 마음속에서는 '가까이 다가가 복음을 전하라'는 음성이 계속 들리는 듯했다. 하는 수 없이 다가가 앉았는데 피할 줄 알았던 할머니께서 그대로 앉아 계셨다.

나는 할머니께 말을 걸었다.

"Where are you from(어느 나라 사람이지요)?"

"I'm Jewish(나는 유대인입니다)."

예수님을 하나님으로 믿기가 가장 힘든 민족이 아마 유대인일 것이다. 유대인이라는 할머니의 반응에 포기하고 싶었으나 한번 담대히 복음을 전해보자는 생각으로 말을 이었다. 전도의 접촉점을 찾기 위해 여러 이야기를 하다보니 어느덧 20분 정도 시간이 지나갔고 전철은 맨해튼으로 진입했다.

할머니는 그랜드 센트럴역에서 내리려고 하셨다. 나는 두 정거장을 더 가야 했지만 이왕 시작한 전도를 잘 끝마쳐야겠다는 생각에 할머니를 따라 내렸다. 내가 2분 정도의 시간을 더 요구하자 할머니는 흔쾌히 그렇게 하라고 했다. 그때부터 나는 독생자 예수 그리스도의 십자가의 죽음과 부활로 나타난 하나님의 은혜에 대해 설명을 했고 예수님을 구세주로 영접할 수 있는지를 물었다.

"Yes!"

할머니는 흔쾌히 대답하시며 신실하게 예수님을 구세주로 고백하였다.

한번은 미주 기독교 방송국에 녹음 스케줄이 있어서 맨해튼으로 가기 위해 전철을 탔다. 〈You raise me up〉을 부르고 나서 복음을 선포하고 복음지를 나누는 동안 한 인도 여성이 계속 싱글벙글 웃으며 나를 주시했다. 복음지도 아주 기꺼이 받았다. 모든 승객들에게 전도지를 돌리고 난 다음 그 인도 여성에게로 향했다. 크리스천일 것 같은 생각이 들었고 잠깐 교제하고 싶었기 때문이다.

"Do you believe in Jesus(예수님을 믿으세요)?"

"I believe in Hindu(나는 힌두교인입니다)."

나는 의외의 대답에 잠깐 놀랐고, 순간 복음을 전하기가 망설여졌다. 복음 전하기 까다로운 세 부류를 꼽으라면 첫째 유대인, 둘째 모슬렘, 셋째 힌두교인이다. 힌두교는 자기들의 신이 시대마다 여러 구루(Guru, 선생)들을 보냈는데 그들 중 석가모니, 예수, 마호메트 등이 있다고 믿는다.

그러나 이내 망설임을 떨쳐버리고 복음을 전하기 시작했다. 그녀는 마음훈련이 잘된 사람이었다. 내가 전하는 복음을 들으면서 반박하고 싶은 부분에서는 아주 차분한 목소리로 논쟁을 걸어왔다. 나는 계속해서 예수님의 유일성에 대해 전했다.

"모든 종교의 창시자들은 사람이었어요. 그러나 기독교의 창시자는 하나님 그분 자신이십니다. 다른 모든 종교는 구원에 있어서 인간의 행위를 강조하지만 기독교는 믿음을 강조합니다. 당신이 만약 하나님께 사랑을 증명해달라고 묻는다면 하나님께서는 십자가를 가리키실 것입니다. 십자가야말로 하나님의 사랑을 증명하는 최고의 증거이기 때문입니다.

어느 종교의 창시자가 인간을 그토록 완벽하게 사랑했나요? 어느 종교의 창시자가 인간을 위해 그토록 위대한 희생을 했나요? 인간은 모두 죄를 범해서 하나님의 영광에서 떨어졌습니다. 그리고 죄의 값은 죽음입니다. 한 번 죽는 것은 사람에게 정한 것이요 죽음 뒤에는 심판이 있습니다.

그러나 하나님은 사랑이셔서 우리를 위해 이 땅에 자기 아들을 보내셨습니다. 그가 바로 예수님이십니다. 예수님은 십자가에 못박혀 죽으심으로 우리의 죄의 대가를 대신 치르셨지요. 그래서 그의 십자가의 죽으심과 부활을 믿는 자만 심판을 피할 수 있게 되는 것입니다."

그녀는 어느 순간부터 반박하는 것을 멈추었다. 그리고 나의 입을 응시하며 계속 복음을 듣다가 내게 질문을 던졌다.

"Where is your church(당신의 교회는 어디 있나요)?"

나는 아직 교회가 없다고 했다. 그러자 그녀가 말했다.

"당신이 교회를 세우면 당신의 교회에 다니겠어요."

그녀의 말에 나는 잠깐 귀를 의심했다. 그토록 강한 힌두교 신앙을 보였었는데…. 내가 전도지에 있는 예수님을 영접하는 기도 부분을 보이면서 물었다.

"이 기도를 따라할 수 있겠어요?"

"지금 이 자리에서는 싫어요."

"이 영접기도 부분을 진실되게 고백하면 하나님께서 자녀로 삼아주실 것입니다."

"네."

"이름과 전화번호를 적어줄 수 있나요?"

그녀는 '시타(Sita)'라는 자신의 이름과 전화번호를 적어주었다.

논쟁을 걸어오던 그녀의 태도가 180도 바뀐 것을 체험하며 전도자의 능력이 아니라 말씀 자체의 능력이 얼마나 큰지 새삼스레 느끼게 되었다.

준비된 자를 붙이시는 하나님

내가 사는 곳은 뉴욕의 퀸스(Queens)라는 지역이다. 맨해튼 월스트리트로 들어가기 위해서는 전철을 두 번 타야 하는데 집에서부터 차를 몰고 나와서 F 트레인(train) 종점(역 이름은 179스트리트)에 우선 차를 주차한다. 그리고 나서 트레인을 타고 맨해튼 중심부에 들어가서 R 트레인으로 갈아타야 월스트리트에 도착할 수 있다. 나는 F 트레인 종점 부근에 주차하고 차 안에서 영적전쟁의 기도부터 시작한다. 그리고 거리로 나가면서 개인 신앙의 고백으로 하나님께 찬양을 한 다음 거리 전도를 시작하는데 그때 부르는 찬양이 〈You deserve the glory(당신은 영광받으시기 합당하십니다)〉이다.

> You deserve the glory(당신은 영광받으시기 합당하십니다).
> And the honor(그리고 영광이십니다).
> Lord, we lift our hands in worship(주님, 우리가 찬양하며 손을 올립니다).
> As we lift your holy name(당신의 거룩한 이름을 올릴 때)
> For you are great(당신은 위대하십니다).
> You do miracles so great(당신은 매우 큰 기적을 일으키십니다).
> There is no one else like you(당신과 같은 분은 없습니다).

나를 구원하신, 내게 위대한 일을 베푸신 하나님을 찬양하며 나아갈 때 기름부으심과 담대함이 임하고 그 기름부으심으로 그날의 모든 사역을 감당할 수 있다. 남에게 구원을 전하기 전에 먼저 내게 임한 구원의 은혜를 다시 상기시키는 것은 세상으로 복음을 전하러 나갈 때 가장 먼저 기억해야 할 부분이다.

그리고 전철을 타자마자 〈You raise me up〉을 부르고 나서 복음을 짧게 외치고 전도지를 나누어주고 난 뒤 일대일 전도를 하면서 맨해튼 월스트리트로 향한다.

2008년의 마지막 날 찬양을 부르며 힐사이드 애비뉴로 들어서서 전철로 향하고 있었다. 중국인 아주머니가 쪽지를 보여주며 길을 물었다. 내가 약간 헤매고 있는데 인도 아저씨가 다가와 나 대신 길을 가르쳐주었다. 아주머니는 길을 찾아 떠나고, 인도 아저씨가 내가 들고 있는 피켓을 보며 묻는다.

"이건 어디서 난 거예요?"

"아저씨는 행선지가 어디세요?"

"맨해튼."

나는 복음을 전하기 시작했다.

"이 피켓에 관심을 갖기 전에 예수님을 믿어야 합니다. 예수님을 믿으십니까?"

"나는 힌두교인입니다!"

나는 복음의 직격탄을 날리기 시작했다.

"기독교는 종교가 아닙니다. 하나님과의 살아있는 관계(real relationship)입니다. 종교는 사람을 속입니다."

복음을 전하는 가운데 어느덧 우리는 전철을 타게 되었다. 전철에서 〈You raise me up〉을 부르고 나서 복음을 선포했다. 복음을 선포한 뒤에 전철에 있는 모든 사람에게 전도지를 나누어주고 힌 두교 아저씨가 있는 곳으로 갔다.

그는 하나님께서 구원하시기로 준비한 사람이었다. 내가 복음을 전하는 사이사이에 그는 계속 "오케이"를 연발했다. 그리고 내가 마무리를 하기도 전에 계속 물었다.

"So, what should I do(그래서 내가 어떻게 하면 되죠)?"

그에게 창조주 하나님의 구원의 섭리를 요약해서 말하고 "사람이 마음으로 믿어 의에 이르고 입으로 시인하여 구원에 이르느니라"(롬 10:10)라는 말씀을 인용하면서 믿음으로 얻는 구원을 설명해주었다.

"예수님을 모셔들이는 기도를 따라하시겠습니까?"

"오케이!"

그는 한 문장씩 신실하게 기도를 따라했다. 내가 이름을 묻자 그는 명함을 건넸다. 그의 이름은 나리(Nari)였고 인도 사람이었다. 그가 나에게 물었다.

"그런데 당신의 직업은 무엇입니까?"

"예수님을 이렇게 전하는 일이 나의 직업이에요."

"생계 유지는 어떻게 하시죠?"

내가 하늘을 가리키며 대답했다.

"하나님께서 직접 공급해주셔요."

"하늘에서 돈이 떨어지나요?"

"하하하! 물론 사람들을 통해서 하나님이 역사하시죠."

그러자 그는 자신의 꿈에 대해 말했다.

"난, 은퇴했지만 돈을 많이 버는 것이 꿈이에요. 백만장자가 되고 싶어요. 그래서 가난한 사람들을 많이 돕고 싶어요. 내가 어떻게 하면 좋을까요?"

나는 갑자기 켄터키 프라이드 치킨(KFC) 창업 스토리가 생각이 났다.

"KFC 아시죠? 그 회사를 일으킨 사람도 여러번 실패를 거듭한 뒤 은퇴 후인 65세 때 105달러로 시작한 사업이 지금은 전 세계에 만 개가 넘는 프랜차이즈를 갖게 되었지요. 당신도 지금부터 무엇이든 할 수 있어요!"

"난, 요리를 못해요."

"꼭 요리를 하라는 것이 아니에요. 하나님께서 당신에게 주신 귀한 재능이 있을 거예요. 그것을 통해서 하나님께서 일을 이루실 거예요."

"What should I do(내가 무엇을 해야 하죠)?"

"우선 성경을 읽으세요. 성경은 하나님의 말씀입니다. 이 성경을 읽으며 하나님과 교제가 깊어지면 하나님께서 당신을 향해 계획하신 것을 깨닫게 될 거예요. 그리고 가까운 교회에 나가서 예배를 드리세요."

"오케이."

그러더니 그가 갑자기 지갑에서 5달러를 꺼내서 나에게 건네는 것이었다.

"이게 뭐죠? 전 전도하면서 돈을 받지 않아요."

뉴욕 전철에는 노래하는 악사들이 많다. 남미계, 흑인계, 유럽계 집시 등. 그들은 전철에서 기타를 치고 노래를 부르며 생계를 유지한다. 내가 전철에서 노래를 부르면 나를 거리의 악사로 착각한 사람들이 지갑에서 1달러씩 꺼내 들고 있는 모습을 종종 본다. 복음을 외치고 나서 사람들에게 다가가면 준비하고 있던 1달러를 내민다. 나는 그들에게 복음 전도자임을 말해주고 정중히 사양한다.

인도 아저씨가 내게 말했다.

"아까 당신이 하나님께서 사람을 통해 일하신다고 했잖아요. 조금 전에 하나님이 나에게 말씀하셨어요. 당신에게 5달러를 주라고…."

"그렇다면 제가 기쁨으로 받겠습니다. 그리고 당신을 위해 기도할게요. 하나님께서 축복해주시기를 말이에요."

"내가 돈을 많이 벌면 지 목사님께 헌금을 많이 하겠습니다."

"혹시 이메일을 사용하시나요? 앞으로 계속 연락하십시다."

"아까 제가 드린 명함에다 적어드릴게요."

그가 명함에 이메일 주소를 쓰는데 엄지손가락이 불편해 보여서 물어보았다.

"손가락이 아프시나요?"

"사고로 다쳤는데 엄지손가락이 굽혀지지 않습니다."

"제가 기도해드릴게요."

그는 고개를 끄덕이며 치료받기 원한다고 했다.

"예수님, 어제나 오늘이나 동일하신 하나님이심을 믿습니다. 지금 이 시간 나리를 치료하소서. 예수님의 이름으로 명하노니 손가락을 굽혀지지 않게 하는 모든 세력들은 떠나갈지어다. 예수님의 이름으로 기도합니다. 아멘."

"아멘."

"예수님은 우리의 구원자이시고 치료자세요. 믿고 계속 기도하세요."

"오케이, 오케이…."

그가 힌두교인이라는 것이 믿어지지 않을 정도였다. 복음에 긍정적으로 반응하고 신실하게 예수님 영접기도를 따라할 뿐 아니라 하나님나라에 헌금도 하고 싶다는 고백을 들으며, 준비된 자를 붙이시는 하나님의 경륜을 찬양했다.

모슬렘 청년, 예수님을 영접하다

복음을 전할 때 듣는 이가 어떤 반응을 보일까 염려하지 말고 그저 말씀 그대로를 선포할 때 기적을 자주 경험하게 된다. 2009년 1월 어느 날 타임스스퀘어(Times Square)에서 전도를 마치고 돌아오는 전철에서 모슬렘인 아랍 청년이 내 옆에 앉았다. 그는 자리에 앉자마자 샌드위치를 꺼내 먹기 시작했다. 내가 건네주는 전도지를 받더니 유심히 살핀다. 그는 아주 부드러운 성격의 소유자였다. 그에게 물었다.

"예수님을 믿으십니까?"

"예, 예수님을 믿습니다. 하지만 어느 종교를 믿든 상관이 없다고 생각합니다. 모든 종교가 다 구원에 이를 수 있다고 생각합니다. 아무튼 예수님은 아주 좋은 분이시죠. 다만 우리는 그를 선지자 중 한 사람으로서만 인정합니다."

"그것이 바로 기독교가 다른 종교와 크게 다른 점입니다. 예수님은 '내가 곧 길이요 진리요 생명이니 나로 말미암지 않고는 아버지께로 올 자가 없느니라'(요 14:6)라고 말씀하셨습니다. 예수님의 제자 베드로도 '다른 이로써는 구원을 받을 수 없나니 천하 사람 중에 구원을 받을 만한 다른 이름을 우리에게 주신 일이 없음이라'(행 4:12)라고 말했습니다.

예수님밖에 길이 없는 이유는 바로 예수님이 하나님이시기 때문입니다. 하나님께서 우리를 죄에서 건지시려고 사람이 되셨는데 그분이 예수님이십니다. 모든 사람이 죄를 범해서 하나님의 영광에 이르지 못하게 되었고 죄의 값은 죽음이고 사람이 한 번 죽는 것은 정한 것이며 죽음 뒤에는 심판이 있으나, 우리는 그 심판을 피할 수 있습니다. 왜냐하면 하나님께서 사람이 되셔서 우리가 받을 죄에 대한 심판(죽음)을 받으셨기 때문입니다."

"예수는 선지자일 뿐입니다. 우리는 마호메트의 교리를 따릅니다."

"마호메트는 신약성경에다 자신의 생각을 복잡하게 첨가시키고 변질시켰습니다. 나도 모슬렘의 교리를 좀 알고 있습니다. 마호메트는 사랑을 받지 못하고 자랐습니다. 태어나자마 부모님이 죽고 키워주던 분들이 연달아 일찍 죽었기 때문에 어릴 적에 꼭 받았어야 할 정상적인 사랑을 받지 못했습니다. 그것이 바로 그가 이슬람교 교리를 만들 때 사랑의 개념을 넣지 못한 이유죠.

모슬렘들은 사람을 두 수호천사가 보호한다고 하죠? 그래서 모스크에 기도하러 들어갔다가 나올 때 오른쪽 천사와 왼쪽 천사에게 '앗살람 알레이쿰, 앗살람 알레이쿰(당신에게 평화가 있기를)' 이렇게 인사하죠? 오른쪽 천사는 선한 행위를 기록하고 왼쪽 천사는 악한 행위를 기록하는데 나중에 죽어서 심판대 앞에 이르면 두 행위의 책을 저울로 달아서 어느 쪽이 무게가 더 나가는 것에 따라 천국과 지옥으로 갈라진다고 하죠? 그러면 결국 천국과 지옥의 결정이 나의 행위에 달려 있다는 것인데 거기에 알라의 은총은 어디 있나요?

그러나 성경은 이렇게 말합니다. 복음에는 하나님의 의가 나타나서 믿음으로 믿음에 이르게 하나니 기록된 바 오직 의인은 믿음으로 말미암아 살리라(롬 1:17). 의인은 없나니 하나도 없느니라(롬 3:10). 율법의 행위로는 의롭다 할 만한 사람이 없나니 율법으로는 죄를 깨달으니라(롬 3:20).

그리고 예수님께서는 선한 목자는 양을 위해 목숨을 버린다고 했습니다(요 10:11). 그는 모든 인류의 죄를 대신해서 십자가에서 죽으셨습니다. 그 예수님의 죽음을 믿으면 하나님의 자녀가 되는 것입니다. 나의 행위로서가 아니라, 십자가 사건을 마음으로 믿고 입으로 시인함으로써 구원에 이르는 것이죠. 그것이 하나님의 은혜입니다."

거기까지 설명하고 나서 영접기도를 펼쳐 보이며 예수님을 구세주로 고백할 수 있는지 물었다. 그는 그러겠다고 대답했다. 기도를 신실하게 따라하던 그가 가장 중요한 '예수님께서 나를 위해 죽으시고 부활하심을 믿습니다' 라는 부분에서 갑자기 일어섰다. 내릴 역에 다 온 모양이었다. 그는 황급히 내리면서 말했다.

"하지만 솔직히 아직도 왜 예수님만을 믿어야 하는지 잘 모르겠어요. 아무튼 오늘 좋은 이야기 감사합니다."

"이름이 뭐죠?"

"레이맨(Rayman)입니다."

"O.K. Anyway, I will pray for you. God bless you(좋아요. 제가 당신을 위해 기도할게요. 하나님이 축복하십니다)."

나는 아직도 그의 이름을 기도노트에 적어놓고 그를 위해 기도하고 있다. 그가 성령의 역사하심으로 주님을 만나기를 간절히 소망한다.

길거리 전도의 후속 조치

"거리에서 만난 사람이 예수님을 영접하게 되는 경우에 어떻게 후속 관리를 할 것인가"라는 질문을 많이 받는다. 많은 사람들이 길에서 예수님을 영접한 사람에 대한 후속 조치에 회의적이다.

나는 최대한 그들의 정보를 물어본다. 그리고 연락이 되는 사람들과는 이메일로 교제하며 그리스도께로 인도하기도 한다. 하지만 거리에서 만난 사람들이 자신의 정보를 선뜻 주는 경우가 많지 않다. 그런 경우에는 이름만 물어보고 수첩에 그들의 이름을 적으며 예수님이 다시 오실 때까지 기도해주겠다고 한다. 실제로 나의 중보기도 노트에는 그들의 이름이 빼곡히 적혀 있다. 그리고 그들을 위해 계속 기도한다.

'하나님, 예수님을 주(主)로 고백한 저들의 귀한 마음을 받으시고 물을 줄 자와 자라게 할 자들을 붙여주셔서 의의 길로 인도하소서.'

이 기도는 주님의 뜻에 합당한 기도라고 생각한다. 주의 뜻에 합당한 기도는 반드시 응답된다. 의인의 기도는 역사하는 힘이 크다(약 5:16). 하나님께서 그들의 영혼을 인도하시리라 믿는다. 내가 그들을 끝까지 책임져주지 못한다 할지라도, 눈앞에 어떤 결과가 보이지 않는다고 할지라도 실망할 필요가 없다. 하나님은 당신이 하실 일을 하시기 때문이다. 그러한 놀라운 예들은 아주 많다.

현재 미국 버지니아에 있는 맥린바이블교회(McLean Bible Church)의 론 솔로몬(Lon Solomon)목사님의 이야기를 하고 싶다. 그는 전통적인 유대인 집안에서 태어나 철저한 유대 율법 아래에서 성장했으나 젊은 시절 마약과 도박에 빠지게 된다. 그러던 어느 날 길을 가다가 한 노방전도자가 전해준 전도지 한 장을 받아 읽은 뒤 스스로 예수님을 구주로 영접하고 이후 신학 공부를 마친 뒤 목사가 되었다. 그가 개척한 교회는 부흥과 성장을 거듭하여 현재 주일 예배에 만 명 이상의 성도가 출석하고 있다.

한편 론에게 전도지를 건넨 그 거리 전도자는 수년 동안 거리에서 전도를 했지만 열매가 없는 것 같아서 포기하려고 했던 적이 한두 번이 아니었다. 그럴 때마다 성령께서는 '내가 너를 통해 일하리라'라는 음성으로 격려해주셨다. 그러던 어느 날 자기가 준 전도지 한 장을 통해 예수님을 믿게 된 사람이 바로 론 솔로몬 이며 그를 통해 수많은 사람들이 하나님께로 돌아왔음을 알게 되 었다.

눈앞에 열매가 보이지 않는다 하더라도 묵묵히 전도자의 삶을 살아간다면 우리도 모르는 사이에 놀라운 열매가 맺힌다. 나는 론 솔로몬 목사님을 통해 하나님의 품에 돌아오게 된 영혼의 열매에 대한 상급을 그 거리 전도자가 함께 누리게 될 것이라고 믿는다. 한 영혼이 천하보다 귀하다. 수백, 수천, 수만 장의 전도지가 뿌려 져서 낭비되는 것 같아도 그를 통해 한 영혼이라도 주님 품에 돌 아온다면 그 모든 전도지의 희생이 아깝다고 할 수 없다.

또 하나의 놀라운 간증을 소개한다. 내가 전도자로 살아가게 된 데에 결정적인 영향을 준 박충남 목사님의 이야기다. 목사님이 신 학교에서 강의하실 때였다. 한 신학생이 목사님을 찾아와서 다음 과 같이 고백했다.

"목사님, 제가 실의에 빠져서 하루하루 절망 가운데 살던 어느 날 목사님이 사용하시는 그 전도지가 땅에 떨어져서 사람들에게 밟히고 있는 것을 보았습니다. 저는 무심코 그 쓰레기 같은 종이 가 무엇인지 보고 싶어 주워 들고 읽기 시작했습니다. 그 내용을 읽다가 예수님을 구세주로 모셔 들이게 되었고 구원의 기쁨과 감사를 경험하고 삶의 전환점을 맞이하게 되면서 이렇게 신학교까지 오게 되었습니다."

하나님의 구원의 방법은 우리의 생각과 상상을 초월한다. 온 천하와도 한 영혼을 결코 바꾸시지 않으시는 하나님이시다. 하나님은 말씀하신다.

이는 내 생각이 너희의 생각과 다르며 내 길은 너희의 길과 다름이니라 여호와의 말씀이니라 이는 하늘이 땅보다 높음같이 내 길은 너희의 길보다 높으며 내 생각은 너희의 생각보다 높음이니라 사 55:8,9

나는 지금도 나에게서 복음을 들은 이들의 얼굴을 천국에서 확인하기를 바라며 기도한다. 그리고 항상 그들과 헤어질 때 이렇게 외치곤 한다.

"I will see you in Heaven(내가 천국에서 당신을 만날 것입니다)!"

맨해튼 거리 교회의
담임목사

용광로와 같은 사랑

맨해튼은 빌딩 숲이라 햇볕이 거의 없다. 겨울에는 건물 사이로 휘돌아다니는 바람에 살이 에인다. 매서운 날씨에는 사람들의 마음도 굳게 닫혀 있는 듯, 전도지도 잘 안 받고 복음에 대한 반응도 차갑다.

2009년 1월 14일은 몹시 추운 날이었다. 로즈(Rose)라는 여자 경찰이 내게 다가왔다. 타임스스퀘어에서 전도하면서 자주 본 경찰이다. 내 기억으로는 처음 그녀에게 전도지를 건넸을 때 반응이 그다지 좋지 않았다. 그런데 웬걸 그날은 자신의 고통스러운 문제를 내게 털어놓는 것이 아닌가?

역시 사람은 문제가 있어야 겸손해지나보다. 그녀는 누군가가 자기를 속이고 있고, 그 일 때문에 너무나 힘이 들어 어떻게 해야 좋을지 모르겠다고 했다. 나는 우선 그녀가 하나님과의 관계가 어떤지를 물었다. 그녀는 하나님의 자녀로서 구원의 확신이 있었다.

"오직 하나님의 사랑만이 해답입니다. 예수님만이 해답이십니다. 예수님께서 당신과 같이 아파하고 계십니다. 사람은 연약합니다. 모든 사람이 죄를 범해서 하나님의 영광에서 떨어졌습니다. 그래서 우리는 언제든지 속을 수도 있고 내가 누군가를 속일 수도 있습니다. 그것을 인정하세요. 예수님도 믿었던 사람들로부터 속고 배신당했습니다. 그러나 누구도 속인 적이 없는 그분은 그들을 위해 죽으셨습니다. 죽음으로 용서하신 것이지요. 진정한 복수는 용서하는 것입니다. 자매님이 용서할 수 있는 근거는 하나님께서 자매를 용서하셨기 때문입니다. 하나님의 사랑이 정답입니다."

성령께서 순간순간 지혜와 지식과 말씀의 은사를 나타내주셨다.

"성경은 말합니다. 너희를 박해하는 자를 축복하라. 축복하고 저주하지 말라. 즐거워하는 자들과 함께 즐거워하고 우는 자들과 함께 울라. 악을 악으로 갚지 말라. 오히려 하나님의 진노하심에 맡기라. 원수 갚는 것은 내게 있다. 원수가 배고프면 먹이고 목마르거든 마시게 하라. 그렇게 함으로 원수의 머리에 숯불을 쌓아놓으리라(롬 12:14-21). 하나님이 우리를 위하시면 누가 우리를 대적하리요. 자기 아들을 아끼지 아니하시고 우리 모든 사람을 위하여 내주신 이가 어찌 그 아들과 함께 모든 것을 우리에게 주시지 아니하겠느냐. 누가 정죄하리요. 죽으실 뿐 아니라 다시 살아나신 이는 그리스도 예수시니 그는 하나님 우편에 계신 자요, 우리를 위하여 간구하시는 자시니라(롬 8:31-34)."

로마서의 말씀과 용서와 위로에 관한 다른 성경말씀들이 계속 떠올랐다. 말씀을 선포하고 있는데 어느덧 그녀의 눈에서 눈물이 흐르기 시작했다. 맨해튼 타임스스퀘어의 매서운 바람에도 아랑곳없이 그녀는 눈물을 흘리며 말씀을 듣고 있었고, 나는 성령께서 그녀의 마음 깊은 곳을 치료하고 계심을 느끼며 속으로 주님께 감사했다. 용광로가 따로 없었다. 매서운 추위 속에서도 성령님은 불을 내려주고 계셨다.

"성령께서 지금 자매님의 마음속에 역사하고 계십니다. 상황이 바뀐 것은 없지만 마음속에 평화가 솟고 있습니다. 그렇죠?"

"예, 맞습니다. 제 안에서부터 평화가 샘솟고 있습니다. 용서할 수 있을 것 같습니다. 인내할 수 있을 것 같습니다."

"고통 중에 인내할 때 성령의 열매가 맺힙니다. 오직 성령의 열매는 사랑과 희락과 화평과 오래 참음과 자비와 양선과 충성과 온유와 절제입니다. 이것을 금지할 법이 이 세상에 없다고 성경은 말합니다(갈 5:22,23). 오직 자매 안에 계신 성령님께 초점을 맞추세요. 성령님이 자매님을 위로하실 것입니다. 다시 말씀드리지만 진정한 복수는 용서하는 것입니다."

"맞습니다. 용서가 진정한 복수라는 것을 알았습니다."

"정말 기적입니다. 자매님은 30분 전과는 완전히 다른 마음을 갖게 되었습니다. 성경을 읽어봤나요?"

"아직 한 번도 성경을 신중하게 읽은 적이 없습니다."

"그럼 돌아가서 성경을 읽고 묵상하세요. 성경에는 문제를 이겨내는 모든 지혜가 있습니다. 그런데 어느 나라에서 왔죠?"

"이태리에서 왔습니다."

"예, 이태리요? 제가 성악을 전공해서 이태리 노래를 좀 할 줄 압니다."

나는 〈오 솔레미오(O sole mio)〉를 불렀다. 그녀도 활짝 웃으며 함께 노래했다.

"제가 지금 당신을 위해 기도해도 될까요?"

"예."

"오, 하늘에 계신 하나님 감사합니다. 이 시간 역사하시니 감사합니다. 로즈의 마음을 바꾸어주시니 감사합니다. 로즈가 온전히 용서하고 계속 마음에 평화를 누리게 하소서. 성령님 도우소서. 이 일을 통하여 로즈가 하나님과 더욱 가까워지게 하소서. 로즈를 축복하소서. 예수님의 이름으로 기도합니다. 아멘."

기도를 마치고 이메일 주소를 주고받았다.

"이메일로 교제를 나누어요. 그리고 당신 위해서 계속 기도할 게요."

한 주가 지나 같은 장소에서 또 그녀를 만났다. 로즈는 반가운 얼굴로 내게 오더니 놀라운 간증을 하기 시작했다.

"놀라운 일이 있었습니다. 세입자가 나를 속였고, 그를 용서할 수 없었습니다. 바로 그때부터 몸이 아프기 시작했습니다. 2주 동안 오른쪽 어깨는 무너지는 것 같았고 온몸이 너무나 아팠습니다. 그런 상태에서 지난주에 조엘(나의 영어 이름) 목사님에게 상담을 요청했던 것입니다. 그런데 목사님이 성경말씀을 들려주시고 기도해주셨을 때 평안이 임해서 용서할 수 있는 마음이 생겼죠. 다음 날 세입자를 만나서 '당신이 속이고 있는 것을 알고 있지만 용서하겠다'라고 말했죠. 그런데 그 말을 하고 난 즉시 온몸이 가벼워지는 것을 느꼈고 무너져 내릴듯이 아팠던 오른쪽 어깨도 감쪽같이 나았습니다. 이런 경험은 처음입니다. 더욱 감사한 것은 세입자가 다음 날 저를 찾아와서 자기가 잘못했다고 용서해달라고 하는 게 아니겠어요?"

"정말 놀라운 일입니다. 악을 악으로 갚지 않고 선으로 극복하셨습니다. 그런 체험을 통해서 하나님을 점점 더 깊이 알아가는 것입니다. 로마서에 이런 말씀이 있습니다. '하나님의 나라는 먹

는 것과 마시는 것이 아니요 오직 성령 안에 있는 의와 평강과 희
락이라'(롬 14:17) 그리고 제자들이 '형제를 얼만큼 용서해야 합니
까?'라고 예수님께 질문했을 때 예수님께서는 일흔 번씩 일곱 번
이라고 말씀하셨는데, 성경에서 7은 완전 숫자입니다. 당신은 먹
고 마시는 종류의 물질적인 문제를 뛰어넘어 성령의 도우심으로
승리한 것입니다."

100퍼센트에서 0퍼센트까지

내가 사는 곳에서 맨해튼 월스트리트로 들어가기 위해서 이용
하는 가장 가까운 전철역이 힐사이드 애비뉴 179번가에 위치하고
있는 F 트레인 종점이다. 그 지역은 흑인, 중남미, 인도, 중국, 동남
아시아계 등 유색인종들이 많이 살고 백인은 거의 없다. 눈에 띄
는 백인들은 동유럽인들이거나, 피부가 하얀 유대인들이다. 그래
서 F 트레인을 타면 조명과 상관없이 어둠침침하다. 그러나 그들
의 복음에 대한 반응은 상당히 긍정적이다. 그들은 내가 들고 있
는 피켓에 여러 가지 긍정적인 반응을 보인다.

"I do(예, 믿습니다)."

"He is the answer(그분이 정답이시죠)."

"Amen(아멘)."

"Hallelujah(할렐루야)!"

"Praise the Lord(주님을 찬양합니다)!"

전도지를 받는 비율도 높다. 하루는 40명가량 탄 전철 안에서 찬양하고 복음을 선포한 뒤 전도지를 돌렸는데 100퍼센트 다 받았다. 정말 드문 일이었다.

월스트리트로 가기 위해서는 맨해튼 34번가역에서 R 트레인으로 갈아타야 한다. 맨해튼 내에서 R 트레인을 타는 사람들이 많기 때문에 백인들이 눈에 많이 띈다. R 트레인에 올랐다. 어림잡아 40~50명가량 탄 것으로 보였다. 찬양과 복음을 선포하고 있는데 영적 반응이 냉랭한 것이 느껴진다. 아니나 다를까 복음지를 돌리는데 거의 받지 않았다. 유색인종이 많이 사는 지역과 맨해튼 심장부에서 늘 느끼는 차이다. 그날은 100퍼센트에서 거의 0퍼센트까지 그 격차가 심했다. 맨해튼 심장부로 들어갈수록 복음에 대한 반응이 더 냉소적이라는 것이다. 하나님의 말씀이 떠올랐다.

낮은 형제는 자기의 높음을 자랑하고 부한 자는 자기의 낮아짐을 자랑할지니 이는 그가 풀의 꽃과 같이 지나감이라 해가 돋고 뜨거운 바람이 불어 풀을 말리면 꽃이 떨어져 그 모양의 아름다움이 없어지나니 부한 자도 그 행하는 일에 이와 같이 쇠잔하리라 약 1:9-11

내 사랑하는 형제들아 들을지어다 하나님이 세상에서 가난한 자를 택하사 믿음에 부요하게 하시고 또 자기를 사랑하는 자들에게 약속하신 나라를 상속으로 받게 하지 아니하셨느냐 약 2:5

월스트리트, 타임스스퀘어에서 물질주의, 황금만능주의로 인간의 영혼을 사로잡는 맘몬의 영과 영적 전투를 하면서 돈이 얼마나 우리를 하나님으로부터 멀어지게 하는 위험한 것인지 새삼 절감한다.

두 명의 도리스를 만나다

전철을 타려는데 흑인 아주머니 도리스(Doris)가 눈에 띄었다. 몇 달 전에 전철을 타고 가며 함께 교제를 나누었던 성령충만한 아주머니였다. 막 전철을 타려는 그녀를 불렀다. 도리스는 내가 들고 있는 피켓을 보더니 나에게 다가와 포옹하며 볼을 비비고 입술을 볼에 닿지 않은 상태로 "쪽" 소리를 내었다. 나도 잽싸게 그녀의 인사법을 눈치 채고 같은 동작과 소리로 응답해주었다. 그날은 2010년에 처음으로 전도하러 나온 날이었다. 하늘에 계신 아빠께서 도리스 아주머니를 통하여 사랑의 표현을 전달하시는 것 같았다.

월스트리트로 가려고 전철을 갈아타고 자리에 앉았는데 전철

밖에서 한 백인 여성이 달려오며 닫히려는 전철문을 두 팔로 막았다. 문은 다시 열렸고 그녀는 전철 안으로 들어와 앉았다. 순간적으로 그 장면을 전도의 기회로 삼아야겠다는 지혜가 번득였다. 그녀가 앉자마자 내 입에서는 노래가 튀어나갔다.

You are strong(당신은 강합니다).

주먹을 움켜쥐며 닫히는 전철문을 막은 그녀의 두 팔이 강한 모습이라는 것을 상기시키며 계속 노래를 불렀다.

When you are on his shoulder(당신이 주님의 어깨 위에 있을 때)
He raise you up to more than you can be(주님은 당신이 될 수 있는 것보다 더 크게 당신을 세우실 것입니다).

원래 이 노래는 찬양곡이 아니지만 노래에 나오는 "You(당신)"를 하나님으로 생각하면 아주 큰 위로가 되는 찬양곡으로 탈바꿈한다. 그리고 원가사의 인칭대명사를 바꾸어 부를 때 좋은 전도 찬양이 된다. 원가사의 'you(당신)'를 'he(그)'로 'I(나)'나 'me(나)'를 'you(당신)'로 바꾸면 된다. 노래를 듣는 대상을 보면서 가사의 의미대로 동작을 취하며 연기를 하듯이 불러주면 더 효과적이다.

그녀는 노래를 들으며 큰 미소로 화답하며 "Thank you!"를 연발했다. 그녀 옆으로 가서 앉아서 예수님을 믿는지 물었다. 믿는다고 했다. 다시 물었다.

"구원에 대한 확신은 있으신가요?"

"몰라요."

"예수님은 '내가 곧 길이요 진리요 생명이니 나로 말미암지 않고는 아버지께로 올 자가 없느니라'(요 14:6)라고 말씀하셨습니다. 그러므로 당신이 예수님을 믿었다는 것은 길 되신 예수님께서 당신 안에 영원한 생명, 즉 영생으로 들어가신 것이므로 당신은 구원의 확신 가운데 살 수 있습니다. 비록 부족하고 연약하지만 예수 그리스도를 통해서 우린 이미 하나님의 자녀가 된 것입니다."

그녀는 나의 이야기를 듣는 동안 복음이 무엇인지 확실히 깨닫는 모습을 보였다.

"이름이 무엇이죠?"

"Doris(도리스)!"

우연이 아니었다. 나는 그녀의 이름을 듣자마자 몇 분 전에 F 트레인 종점에서 만난 성령충만한 흑인 아주머니 도리스가 생각났다. 그 이야기를 해주었더니 그녀가 말했다.

"오늘은 도리스의 날이군요. 당신은 오늘 나의 천사입니다."

"오늘뿐 아니라 이번 주, 아니 금년, 아니 평생 기쁜 날이 되기

를 기도합니다. 그리고 믿음의 눈을 열어보세요. 지금 우리 주위
에는 많은 천사들이 있답니다. 당신을 위해 계속 기도하고 싶은데
혹시 이메일 주소를 주실 수 있나요?"

그녀는 흔쾌히 자신의 메일 주소를 적어주었다.

"가장 큰 기도의 제목이 있으면 말씀해주세요."

"마음의 평강이 있으면 좋겠어요."

"하나님께서 지금 제게 당신을 위한 말씀을 주시네요. '평안의
매는 줄로 성령이 하나되게 하신 것을 힘써 지키라(엡 4:3)'."

믿음의 고백들

대부분 혼자 사역을 하지만 하루는 두 형제가 전도에 동참했다.
자메이카 힐사이드 주택가에 차를 세우고 차 안에서 기도로 준비
하고 출발하기 전에 잠깐 나눔을 가졌다.

처음 같이 전도하게 된 한 형제가 한 가지 일을 나누었다. 자신
이 아는 한 신실한 집사님이 한국에서 하나님나라를 위해 참신한
아이디어를 창출하여 일을 추진하다가 무산된 이야기였다. 그런
데 신기하게도 그 사건을 다른 형제가 알고 있었다. 그 사건은 몇
백 억을 떡 주무르듯 하는 한 자본가가 주식 장난을 쳤기 때문이
라고 했다. 나는 그 사건의 내막을 들으면서 형제들에게 말했다.

"내가 월스트리트에서 전도하며 돈의 배후에 있는 맘몬과 싸우

는 이유 중 하나가 바로 그것입니다. 오늘 대화를 통해서 실제로 일어나고 있는 영적전쟁을 확인하게 되어 놀랍습니다. 하나님께 헌신된 사업가들이 하나님의 나라를 위해 뛰려고 하는데 세상 자본가들의 재력으로 인해 그 계획들이 무산될 수 있음을 생각하며 나는 이곳에서 찬양하고 전도하며 다음과 같이 기도합니다. '월스트리트를 중심으로 벌어지는 보이지 않는 돈의 전쟁 가운데서 사단의 계획이 수포로 돌아가고 하나님의 사람들에게 이익이 돌아가게 하소서'라고 말입니다."

나눔을 마치고 우리는 그날의 지하철과 월스트리트 전도 사역을 위해 합심으로 기도했다.

"오늘 만나는 영혼들을 축복합니다. 복음을 듣고 예수님을 영접하게 하시고, 복음에 위로받게 하소서. 그 영혼들과 이 도시 뉴욕, 특히 맨해튼, 월스트리트를 묶고 있는 악한 영들아, 예수님의 이름으로 명하노니 물러갈지어다. 주님, 오늘 우리가 전도와 선교를 일로 여겨 부담을 갖는 것이 아니라, 주님을 더욱 친밀히 알아가는 시간들이 되게 하소서."

기도를 마치고 큰길로 나오자마자 모퉁이에 쭈그려 앉아서 담배를 피우고 있는 한 중년 여성을 보았다. 그녀의 이름은 도나(Dona)였다. 지금 죽어도 천국에 갈 수 있느냐고 물어보니 그녀는 모른다고 했다. 하나님의 은혜를 설명하고 예수님을 모셔들이라고 하자 그녀는 기도를 통해 예수님을 영접했다. 헤어지고 나서 볼펜을 돌려주지 않은 것을 알고 쫓아가서 그녀에게 볼펜을 돌려주며 말했다.

"앞으로 나와 같은 전도자를 만나서 다시 그 질문을 받으면 그때는 반드시 믿음으로 천국에 갈 수 있다고 해야 합니다."

"그 고백이 그런 효력을 주는 거군요? 상기시켜줘서 고맙습니다."

그녀는 밝고 환한 얼굴로 고맙다고 손을 흔들어주었다. 도나와 헤어지고 나서 전철 안으로 들어가자마자 일주일 전에 복음을 듣고 예수님을 영접한 그리스 출신 젊은 여성 가수 지망생 마리아를 만났다.

"It's not a coincidence(이건 우연이 아닙니다)!"

내가 안부를 묻자, 그녀는 감기에 걸렸다고 했다.

"기도해드릴까요?"

그녀가 좋다고 해서 기도해주었다. 맨해튼 도심지까지 가며 말씀을 계속 전했다. 그녀가 삼위일체에 대한 질문을 해서 설명해주었다. 성령님을 설명하는 대목에서 재미있는 일이 있었다.

"요한복음 14장 16절에 예수님께서 성령님에 대해서 '다른 보혜사(another counselor)'라고 설명하셨어요. 이때 사용된 헬라어(그리스어)는 '알로스(다르다) 파라클레토스(보혜사)'예요. 헬라어에

전 세계에서 몰려드는 관광객들에게 복음을 전하며.

지하철에서 만난 그리스 출신 가수 지망생 마리아와 교제를 나누며.

'다르다'라는 형용사에는 두 단어가 있는데 하나는 '헤테로스'이고, 또 하나는 '알로스'인데….'

계속 설명하려다가 나는 멈칫했다. 번데기 앞에서 주름을 잡는 격이었다. 왜냐하면 마리아가 그리스 사람이 아닌가? 순간적으로 나는 성령님께서 이 단어들을 통하여 그녀에게 성령님에 대해서 알게 하실 것이라는 확신이 들었다. 그 생각을 하니 갑자기 신이 났다.

"아, 당신이 그리스 사람이죠? 그럼 두 단어의 차이를 잘 알겠네요? 헤테로스는 완전히 다른 두 개의 물건 중에 다른 것 하나를 표현할 때 쓰는 단어이고, 알로스는 똑같은 두 개의 물건 중 다른 것 하나를 표현할 때 쓰는 단어죠? 그래서 바로 예수님께서 성령님을 '알로스 파라클레토스(다른 보혜사, 돕는 분)'라고 하신 거예요. 즉, 예수님은 첫 번째 돕는 분으로 오셨고, 성령님은 예수님과 똑같은 돕는 분으로서 오셨지요."

그녀는 내 설명을 들으며 동공이 확대되었다. 복음을 듣고 깨닫는 기쁨을 누리기 시작한 그녀는 나와 이메일로 계속 교제하고 싶어 했고, 기도해줘서 고맙다는 인사를 하고 맨해튼 도심 어느 역에서 하차했다.

각양각색의 사람들에게 복음 전하기

마리아와의 만남 뒤에 두 청년과 나는 지하철을 갈아타기 위해 34번가에서 하차했다. 환승하러 가는 중에 에드워드(Edward)라는 한 흑인이 전도 피켓을 보고 다가와 우리를 적극적으로 격려해주었다. 나는 월스트리트에서 하는 전도 사역의 의미를 설명하며 중보기도를 부탁했다. 그는 그 자리에서 우리를 위해 기도해주었다. 네 사람이 지하철 환승 통로에서 기도회를 가지게 된 셈이다. 사람들이 보면 아마도 미쳤다고 할 분위기였다. 에드워드는 유명한 브루클린 태버내클교회에서 얼마 안 떨어진 작은 교회에 다닌다고 했다. 그의 말을 듣자마자 나는 그에게 우주적인 하나님나라의 개념에 대해 말해주었다.

"교회는 작은 교회, 큰 교회가 있는 것이 아닙니다. 지구상에는 오직 하나의 교회만 존재합니다. 교회는 그리스도의 몸이기 때문이죠."

그는 내 말에 동의하면서, 기회가 되면 자기 교회에 와서 간증도 하고 말씀도 전할 수 있게 담임목사님께 말해보겠다고 했다. 우리는 서로 연락처를 주고받고 헤어졌다.

우리는 전철 환승 통로에서의 뜨거운 기도회를 마치고 월스트리트에 도착했다. 이태리 관광객 무리에게 복음을 전했지만 그들의 표정은 시큰둥했다. 게다가 영어를 거의 못했다. 나는 〈오 솔레미오〉와 푸치니의 오페라 〈토스카(Tosca)〉에 나오는 테너 아리아 '별은 빛나건만(E lucevan le stelle)' 앞부분을 불러주었다. 그들의 얼굴이 환해지는 틈을 이용해 내가 복음지를 주자 받았다.

곧바로 지나가는 50대 중반 백인 부부에게 복음지를 주려고 하는데 마음을 열지 않았다. 어디서 왔냐고 물으니 네덜란드에서 왔다고 했다. 나는 반갑게 말했다.

"나는 한국인인데 히딩크를 한국에 보내줘서 고맙습니다."

그들은 활짝 웃으며 마음을 열었고, 나는 쉽게 복음을 전할 수 있었다. 남편이 진지하게 받아들이는 듯했으나 영접기도를 하는 부분에서 창피하다고 해서 강권하지 않았다. 그러나 호텔로 돌아가서 진심으로 기도하라고 했다. 헤어지며 악수를 하는데 내 손을 놓지 않으려고 할 정도로 감동을 받은 것을 느꼈다.

이날 처음으로 함께 전도에 참석한 형제는 내성적인 친구였다. 처음에는 어떻게 전도해야 할지 몰라 무척 긴장한 듯이 보였다. 혼자서 뉴욕증권거래소(New York Stock Exchange) 건물을 한 바퀴 돌고는 내 옆으로 왔다.

"제가 있어야 할 자리는 목사님 옆인 것 같아요."

"이곳을 지나가는 사람들 모두를 축복하며 이 땅을 하나님께 올려드립시다. 모든 사람이 저와 똑같은 방식으로 전도할 필요는 없다고 생각해요. 각자 자기에게 맞는 방법과 하나님께서 맡기는 분야가 있습니다. 그것을 발견하고 거기에 충실하면 되는 거죠."

내가 이렇게 말하자 내성적이었던 형제는 서서히 적극적으로 복음을 전하기 시작하더니 나중에는 내가 들고 있던 피켓까지 들고 큰 소리로 외쳤다.

"Believe in the Lord Jesus and receive eternal life(예수님을 구주로 믿으세요. 그러면 영생을 얻습니다)."

연합하여 복음을 전하다

두 형제와 함께 전도한 다음 날은 여느 때처럼 홀로 길을 나섰다. 혼자 큰 길을 향해 걷는데 왠지 허전했다. 지체와 동역하는 것의 중요성과 힘의 차이를 느꼈다.

맨해튼 월스트리트 옆 렉터역에서 내려서 계단을 올라오는데 누가 나를 부르는 소리가 들렸다. 청년부 목사로 섬기던 교회의 청년 지체들이었다. 한 지체가 내 미니홈피에 와서 월스트리트에서 선교하는 사진과 동영상을 보고 '오늘 지용훈 선교사님 복음 전도하는 현장에 가서 격려해드리자'고 해서 나온 것이었다.

그들과 렉터역에서 트리니티교회 뒤쪽 계단을 올라가는데 어제 처음으로 함께 전도했던 형제가 서 있었다. 그도 나를 기다리던 중이었다. 혼자 하게 될 줄 알았는데 졸지에 넷이 되었다. 함께 간단히 전도하고 중보기도하는데 한 지체가 눈물을 흘리며 기도

했다. 갑작스레 세 명의 동역자를 붙여주시는 하나님의 사랑이 느껴지면서 내 눈에서도 눈물이 흘렀다.

뉴욕증권거래소 건물을 한 바퀴 돌며 중보기도를 하고 세계적인 투자은행인 JP모건(J.P. Morgan) 건물 앞에서 복음을 전하기 시작했다. 날씨가 따뜻해져서인지 유난히 사람들이 많았다. 특히 유럽 관광객들이 많았다. 있는 자리에서 세계선교하는 즐거움을 누림에 다시 한 번 감사했다.

어느 유럽 관광객 부부에게 복음을 전했는데 반응이 시큰둥했다. 프랑스에 왔다고 하여 학교 때 배운 프랑스 가곡을 불러주자 발음이 좋다며 칭찬을 하는 틈을 타서 복음지를 전해주었다.

독일인들에게는 독일 가곡을 부르며, 이태리 사람들에게 칸초네와 아리아를 불러주며 복음을 전하면서 하나님께서 그들에게 복음을 전하라고 성악 공부를 시키셨다는 확신을 다시 갖게 되었다. 그러는 사이에 영국 관광객 청년들이 달려와서 나와 함께 사진을 찍고 싶다고 했다. 자주 있는 일이다. 그 친구들은 얼마나 적극적이던지 내 전도 피켓을 빼앗아 들고는 사진을 찍었다. 그 사이 나는 기도했다.

'주여, 이 사진이 찍혀져 가는 곳에 부흥이 있게 하소서.'

또한 그날은 세 명의 동역자가 함께해서인지 유난히도 성령충만한 지체들을 많이 만나서 함께 연합을 이룬 기쁜 날이었다.

카시아(Kasia)라는 폴란드 여성과 중보기도 네트워크을 이루었고, 흑인 30대 초반 남성 존(John)은 자기 공동체 모임을 소개하며 나를 위해 기도해주었다. 댈러스에서 온 마이크(Mike)라는 잘 생긴 키 큰 백인도 나를 위해 중보기도를 해주겠다고 약속했다. 쉘딘(Sherdeen)이라는 흑인 여성은 전화번호를 내게 건네주고 자기 딸 이메일로 연락하고 싶다고 해서 내 메일 주소를 알려주었다. 집으로 돌아오는 길에는 루치아노(Luciano)라는 브라질 크리스천 청년과 교제를 나누고 내가 브라질에 가면 만나기로 했다.

하나님의 위로의 선물

어느 봄날 월스트리트에서 한 한국인 젊은 여자 관광객이 혼자 이리저리 다니며 열심히 사진기의 셔터를 누른다. 내 앞으로 지나갈 때 복음을 외쳤다.

"예수님 믿으세요!"

귀찮다는 표정을 지으며 말한다.

"전 불교예요. 됐거든요."

"시간은 빠르게 지나갑니다. 죽음은 예고 없이 다가옵니다. 영생을 얻어야 합니다."

더욱 재수가 없다는 듯이 짜증스러운 얼굴과 흘기는 눈으로 말했다.

"제가 여기까지 여행 와서 그딴 얘기를 들어야 하나요?"

매몰차게 돌아서며 휙 지나간다. 하나님의 긍휼하심이 가슴에 느껴진다.

'주여, 불쌍히 여기소서.'

10분 뒤에 다른 한국인 젊은 여자 관광객이 날 힐끔힐끔 쳐다본다. 사진 찍어주기를 바라는 눈치였다.

"사진 찍어드릴까요?"

"아, 예."

나는 좀 더 좋은 위치를 선정해주며 말했다.

"이 정도까지 앞으로 나와보세요."

사진을 찍어주고 그녀에게 말했다.

"예수님 믿으세요?"

"예."

"오늘 죽어도 천국 갈 수 있는 믿음이 있으신가요?"

"물론이죠."

"역시 하나님의 딸이라는 분위기가 얼굴에 나타나 있어요. 좋은 여행되세요."

"예, 감사합니다."

두 여성의 서로 다른 반응을 보며 말씀이 떠올랐다.

누구든지 그리스도의 영이 없으면 그리스도의 사람이 아니라

롬 8:9

바로 이어서 초등학생 자녀 한 명을 둔 단란한 한국 가정 관광객을 보았다. 그날은 유난히 한국 관광객이 많았다. 아이의 아빠에게 전도지를 건네며 접근했다.

"한국에서 오셨죠? 예수님 믿으세요?"

"됐습니다. 옛날에 전도지 많이 받았어요."

"예수님 믿으시고 꼭 영생을 소유하십시오."

뉴욕에 오는 한국 관광객들은 먹고살 만한 사람들이 대부분이다. 그래서인지 십자가 복음에 냉소적인 반응을 보인다. 한 치 앞도 내다볼 수 없음에도 불구하고 현재의 누림이 최고로 좋은 양 영혼의 문제에 대해서는 전혀 관심이 없다. 성경말씀이 진리라는 것을 피부로 느낀다.

낙타가 바늘귀로 들어가는 것이 부자가 하나님의 나라에 들어
가는 것보다 쉬우니라 마 19:24

그날은 바람이 몹시 불어 체감 온도는 더욱 떨어지는 날이었다. 나는 뉴욕증권거래소 앞에서 아내가 챙겨준 우롱차를 마시고 있

었다. 그때 또 다른 두 명의 한국 관광객을 만났다. 여자 대학생들이었는데, 교회를 전혀 다녀본 적이 없는 사람들이었다. 그들은 멕시코에 유학 중인데 뉴욕에 관광을 왔다고 했다.

"춥죠? 한국 분들 같은데 이리 오셔서 우롱차 한 잔 드시고 몸을 좀 녹이세요."

우롱차 덕분에 차를 마시는 시간을 벌었다. 나는 복음을 차근차근 설명해주었다. 그리고 하나님은 살아계시다고 하며 잠깐 간증을 했다.

"자매님들은 미래가 보이시나요?"

"아뇨, 전혀요."

"과거에는 저도 앞을 전혀 못 보았었어요. 그런데 성경을 읽다가 예수님을 만나고 하나님께서 비전을 주셨습니다. 저는 영어를 잘 못했는데 하나님께서 미국에서 영어로 복음을 전하게 하실 것이라고 하셔서 영어성경을 외우고, 영어로 설교하고, 영어로 복음을 전하다보니 영어가 저절로 늘고 있어요. 저는 이 모습을 6년 전에 미리 보고 있었어요. 저는 제 미래를 환하게 보고 걸어가고 있어요. 하나님은 정말 살아계십니다."

간증을 들은 그녀들은 뉴욕 월스트리트 한복판에서 예수님을 구세주로 영접했다. 그들이 예수님을 영접한 일은 나를 향한 하나님의 위로의 선물이기도 했다. 그날은 2008년 3월 20일이었는데, 내가 주의 종으로 부르심을 받은 지 정확히 10년째 되는 날이었다. 월스트리트에서 선교한 지 3년이 되도록 한국 사람들은 단 한 명도 예수님을 영접하는 일이 없었다. 다른 나라 사람들이 예수님을 영접하는 것에 감사하면서도, 가끔씩 찾아오는 한국 관광객들 중에서 한 명의 결신자도 생기지 않는 것에 대한 아쉬움이 늘 있었다.

그런데 주의 종으로 부르심을 받은 지 10년이 되는 날, 유난히 많은 한국 관광객을 만나게 하시더니 드디어 한국 대학생 자매 두 명이 월스트리트에서 예수님을 영접하게 된 것이다. 하나님의 음성이 들려오는 것 같았다.

'착하고 충성된 종아, 네가 적은 일에 충성하였으니 내 즐거움에 참여하리라.'

성령님과 동행하는
거리의 예배자

맘몬과의 정면 대결

2003년 1월에 뉴욕에 도착하여 한인교회 청년부 사역을 하는 동안에도 이스라엘의 김 선교사님과 계속해서 이메일로 교제하며 서로의 사역을 위해 중보하고 있었다. 그러던 중 김 선교사님께서 2005년에 뉴욕을 방문하셨고, 내가 섬기던 교회에서 이스라엘 선교에 대한 간증을 나누어주셨다.

선교사님은 뉴욕을 떠나기 전에 맨해튼 월스트리트에 가보고 싶다고 하셨다. 선교사님에게는 아들이 있는데 히브리대학 재학 중 군 복무차 한국에 들어간 상태였다. 선교사님의 아들은 엄마가 뉴욕을 방문한다는 소식을 듣고 맨해튼 월스트리트로 가서 기도를 해달라고 부탁하였다. 그는 대학 졸업 후 하버드 대학원을 나와서 월스트리트에 진출할 꿈을 가지고 있었다. 그래서 엄마에게 미리 그곳에 가서 '땅 밟기 기도(prayer walk)'를 해달라고 부탁을 한 것이었다.

월스트리트로 가면서 선교사님께서 기도할 주제를 말씀하셨다.

"지금도 중동 땅에서는 이스라엘과 아랍 국가들이 진짜 무기로 전쟁을 하고 있습니다. 그런데 이곳 월스트리트에서는 유대 자본과 아랍의 오일머니의 전쟁이 이루어지고 있습니다. 이곳에 하나님의 뜻이 이루어지도록 기도합시다. 특별히 이곳에 성령충만한 젊은이들이 진출하여 하나님의 기업들이 세워지도록 기도합시다."

맨해튼 내에서는 주차하기가 쉽지 않아서 월스트리트를 차를 타고 지나가면서 잠깐 중보기도를 한 것뿐인데 선교사님이 이스라엘로 가신 뒤에도 월스트리트가 내 머리에서 떠나지 않았다. 그러면서 그 땅을 향한 하나님의 뜻이 있으리라는 믿음이 어렴풋이 생기기 시작했다. 그래서 선교사님이 가시고 난 몇 주 뒤부터 매주 목요일마다 청년들과 함께 월스트리트로 전도하러 나가기 시작했다. 청년들에게 전도훈련도 시키고 모든 민족이 모인 맨해튼이라는 곳에 가서 기도하면서 세계선교에 대한 마인드를 고취시키기 위함이었다.

청년들과 함께 월스트리트에 도착해서 우선 워싱턴 동상이 있는 계단에 앉아 기타를 치며 찬양을 불렀다. 그리고 열방과 뉴욕 특히 월스트리트에 역사하는 맘몬의 영을 대적하는 기도를 하기 시작했다. 그렇게 해서 2005년부터 월스트리트 사역이 시작된 것이었다. 그후 2년이 흘러 2007년 12월에 교회를 사임하고 2008년 1월부터 본격적으로 월스트리트로 나갔다. 혈혈단신 그 땅을 향해 나갈 때 하나님께서 두 말씀을 주셨다.

너희가 하나님과 재물을 겸하여 섬기지 못하느니라 마 6:24

돈을 사랑함이 일만 악의 뿌리가 되나니 딤전 6:10

두 말씀에 비추어 볼 때 세계 금융의 중심인 월스트리트가 전 세계에 미치는 영향이 크다는 것을 더 깊이 인식하게 되었다. 이후 하나님께서는 서서히 월스트리트라는 땅에 대해서 알게 하셨고 새로운 영적전쟁의 전략들을 가르쳐주시기 시작하셨다.

하나님의 모든 창조의 세계는 질서와 조화를 이루고 있는데 그 질서의 가장 기본 원리가 수학적 원리다. 그런데 모방을 잘하는 마귀는 바로 그 숫자를 가지고 인간의 영혼을 파괴하고 있었다. 사실상 허상에 지나지 않는 증권거래소 안에서 일어나는 숫자의 변화를 통하여 인간의 영혼을 황폐케 하는 것이다. 그런 관점에서 보니 뉴욕증권거래소 건물이 참으로 중요하다는 생각을 하게 되었다. 그러면서부터 매주 화요일마다 그곳을 한 바퀴씩 돌며 돈의 배후에서 역사하는 사단을 대적하는 기도를 시작했다.

어느 날 뉴욕증권거래소를 도는데 머릿속에서 하나의 그림이 연상되었다. 내가 특수부대원 복장을 하고 어느 꼭대기에 올라가 못을 박는 모습이었다. 그 꼭대기가 어딜까 궁금해 하고 있는데 사단의 정수리라는 생각이 들었다. 돈을 사랑함이 일만 악의 뿌리라면 세계 금융의 중심인 월스트리트 뉴욕증권거래소가 영적으로 볼 때 사단의 정수리에 해당된다고 생각했다.

뉴욕증권거래소 안에서 주가지수의 상승으로 인하여 번 돈으로 사람들은 방탕과 탐욕에 몸을 던지는 자살 행위를 하고, 주가지수의 하락으로 인하여 갑자기 망하게 되면 사람들은 실제로 자살을 시도한다. 그래서 그곳을 돌며 돈의 움직임을 통하여 사람들의 영혼을 빼앗아가는 사단의 전략에 맞서는 기도를 드리기 시작한 것이다.

'하나님께서 나의 기도를 들으시는 줄 믿습니다. 나의 기도와 찬양과 전도의 행위를 보시고 천사들을 보내시어 이 월스트리트 지역과 뉴욕증권거래소에서 역사하는 맘몬의 영을 멸하여 주옵소서. 악한 영이 붙잡고 있었던 세상적인 돈들이 하나님의 기업가

뉴욕증권거래소를 일곱 바퀴씩 돌며
중보 대상자들이 적힌 종이를 들고 이름을 불러가며 중보기도를 하며.

들에게 옮겨지게 하옵소서. 세상의 부를 하나님의 나라로 이동시켜주옵소서. 앞으로 킹덤 비즈니스맨들을 만나 축복할 때에 그들에게 영적 재정을 풀어주시어 마지막 때 선교를 완성하는 데에 사용하여 주옵소서.

정사와 권세와 어두움의 세상 주관자들과 하늘에 있는 악한 영들에게 예수님 이름으로 꾸짖노라. 이 뉴욕증권거래소와 월스트리트에서 떠나갈지어다. 숫자의 변동으로 인하여 인간의 영혼을 방탕케 하고 자살하게 하는 영들은 떠나갈지어다.'

놀라운 헌신

한국에 '레위합창단'이라는 선교단체가 있는데 그들은 해마다 미국 순회공연을 통해 복음을 전한다. 청년부 목사로 있던 교회에서 그들이 한 번 공연한 적이 있었다. 나는 그때 그 합창단을 처음 알게 되었다. 본격적으로 월스트리트 사역을 시작한 지 5개월이 지났을 때 나는 한국을 방문했다.

그때 레위합창단으로부터 연락이 와서 단장님과 총무님을 만나게 되었다. 그 분들은 내게 2008년 8월 미국 순회공연 중에 뉴욕에 들러 맨해튼에서 전도 사역을 함께하면 좋겠다는 제안을 했다. 좋은 연합 사역이 될 것이라고 여겨져서 단장님께 날짜를 잡으시면 따르겠다고 했다. 단장님은 달력을 보시고 한참을 생각하시더니 8월 8일이 좋을 것 같다고 하셨다.

나는 나중에서야 2008년 8월 8일이 베이징 올림픽 개막일임을 알았다. 중국 사람들은 '8'이라는 숫자에 열광을 한다. 그 이유는 8이라는 숫자가 그들에게 '복(福)'을 가져다준다는 사상을 갖고 있기 때문이다. 그들은 베이징 올림픽을 통해서도 복 받기를 간절히 원해서 2008년 8월 8일 저녁 8시 8분에 개막식이 시작되도록 계획했다.

올림픽 개막일에 선교하러 오는 레위합창단과의 전도 사역을 위해서 기도로 준비하던 중 한 가지 아이디어가 떠올랐다. 올림픽은 돈이 있어야 치를 수 있고 올림픽을 통해서 돈을 벌기 위함이라면 그 배후에는 맘몬의 영이 숨어 있는 것이다. 그렇다면 맘몬의 영이 가장 강하게 역사하는 금융의 중심인 월스트리트에서 합창단과 연합하여 베이징 올림픽 배후에 있는 맘몬의 세력들을 대적하고 진정한 하나님의 복이 임하도록 중국을 축복하는 예배 사역을 하면 좋을 듯했다.

없으면 없는 대로 있으면 있는 대로 하리라 각오했는데 구하지도 않은 부분을 채우시는 하나님의 역사가 나타났다. 성령님의 인도하심으로 '뉴욕찬양마을선교회'라는 단체가 동역하기로 하고 음향 장비를 지원해주었다.

나는 거리 공연을 위한 뉴욕 시의 허가를 받기 위해 담당 기관을 찾아갔다. 월스트리트 뉴욕증권거래소 앞에서 공연을 하고 싶다고 했더니 담당 경찰이 그곳은 공연 허가가 나오지 않는다고 하면서 다른 장소를 추천해주었다. 그 경찰이 세다르 스트리트와 브로드웨이 모퉁이 거리를 추천해주어서 그 장소를 신청하고 현지 답사를 갔는데 성령께서 예비하신 장소라는 확신이 들었다. 그곳은 911테러로 무너진 세계무역센터와 월스트리트의 중간 지점 브로드웨이 선상에 위치한 곳이었다.

하지만 한 가지 문제가 있었다. 거리에서 장비를 동원하여 예배를 드리려면 전기 문제를 해결해야 했다. 여러 방면으로 알아보아도 묘책이 없었는데 하나님께서 케냐에서 사역하시는 임 선교사님을 통해 발전기를 구입할 수 있는 재정을 공급하셨다. 할렐루야!

베이징 올림픽을 겨냥한 맨해튼 거리 예배가 일주일 앞으로 다가왔을 무렵에 송주현 자매로부터 전화가 왔다. 그녀는 비올라를 전공했는데 서울 음대와 줄리어드 대학원을 졸업한 훌륭한 재원이자 하나님의 나라를 위해 헌신된 자매였다. 맨해튼 거리 예배 소식을 듣고 본인도 함께 비올라로 참여하고 싶다고 했다. 주님이 보내신 든든한 지원군이 아닐 수 없었다. 그래서 예배 중간에 비올라 연주 순서를 넣었다.

하루 전날인 8월 7일 밤에 장대비가 쏟아졌다. 일기예보를 들으니 8월 8일도 비가 온다는 것이었다. 그러나 성령께서 준비하신 일이라는 확신이 들자 아무 걱정이 되지 않았다. 이튿날, 하늘을 보니 구름이 약간 끼어 있었지만 비는 오지 않았다.

정오가 되어 예배가 시작되었다. 맨해튼 다운타운 브로드웨이 한복판에서 감격적인 찬양이 울려 퍼지기 시작했다.

"Shout to the Lord all the earth let us sing(온 땅이여 주님께 외쳐라)."

30분 정도 찬양을 드린 후에 비올라 연주 순서가 되었다. 주현 자매가 연주를 하려고 케이스에서 비올라를 꺼내려는데 갑자기 비가 후두둑 떨어지기 시작했다. 비로 인해 고가(高價)의 악기가 파손될 위험이 있어서 나는 자매에게 악기를 다시 케이스에 집어넣으라고 했다. 그런데 몇 분을 기다려도 비가 그칠 기미가 보이지 않았다. 발전기와 건반 및 스피커들이 비에 젖기 시작하자 옆에 있던 중국 노점상 청년들이 큰 비닐로 덮어주었다. 그들은 크리스천이었는데 행사 전에 전기 문제를 알아보려고 답사를 나왔다가 알게 되었다. 비가 그치지 않자 우리는 우선 점심 식사를 하기로 했다.

식사를 하고 나자 비가 멎었다. 나는 20분 정도 찬양을 불렀고 다시 비올라 연주 순서가 되었다. 주현 자매가 비올라를 꺼내어 연주를 하려고 할 찰나에 다시 비가 오기 시작했다. 나는 이번에

도 주현 자매에게 우선 악기를 집어넣으라고 했다. 그런데 자매는 쏟아지는 비에도 아랑곳하지 않고 연주를 하며 주님을 찬양하기 시작했다. 비올라 선율이 맨해튼으로 울려 퍼지는 동안 비가 멎기 시작했다. 하늘을 보니 빠른 속도로 구름이 걷히고 어느새 파란 하늘이 드러나고 있었다. 그리고 비올라 연주를 마치자 비가 전혀 오지 않았다. 예배가 끝나고 나서 감격에 젖어 그 자매의 손을 잡고 말했다.

"놀라운 헌신이었어요. 생명과도 같은 악기를 지킬 권리를 과감히 포기하고 주님을 찬양한 그 마음을 하나님께서 받으셨고 하나님의 뜻이 이 땅 가운데 풀어졌어요. 앞으로 자매의 삶에도 놀라운 하나님의 일들이 나타날 것입니다."

격려의 인사를 하는 동안 자매와 나의 눈에서는 눈물이 하염없이 쏟아졌다.

비올라 연주 후에 다시 찬양을 하기 시작했는데 지나가던 크리스천들이 하나둘씩 모여 함께 찬양하게 되었다. 다양한 곳에서 모여든 사람들이 함께 맨해튼 거리 한복판에서 예배하는 모습은 참으로 아름다웠다.

모임이 끝날 무렵에 모인 사람 가운데 예수님을 아직 믿지 않는 사람이 있는지 물었다. 모두 다 하나님의 사람들이었다. 마무리로 십자가의 복음을 짧게 선포하고 베이징 올림픽이 열리는 중국을 위해 기도했다. 이어서 미국과 전 세계 열방을 향한 중보기도와 맘몬의 영을 대적하는 기도를 요청하였다. 민족도, 국적도 다른 사람들이 성령 안에 한 새사람이 되어 아버지의 뜻을 간구하는 모습이 놀라웠다.

거리 예배를 마치고 나서 세계 열방 사람들과 일일이 포옹하며 교제의 시간을 가졌다. 그때 한 흑인이 나를 향해 오더니 반갑게 인사를 했다.

"James(Joel 이전의 내 영어 이름)!"

"Who are you(누구시죠)?"

"I am Kennedy(접니다, 케네디)."

놀라운 재회였다. 케네디는 약 10년 전 여의도순복음교회에서 만났던 케냐 사람이었다. 교회를 방문하는 외국인들에게 다가가서 영어회화 연습을 할 당시에 만난 친구였다. 헤어진 뒤로도 이메일을 통하여 이따금 교제를 했는데 최근 몇 년 동안 소식이 단절되었다가 맨해튼 거리 사역 몇 주 전에 다시 이메일로 연락이 이루어졌다. 맨해튼 거리 사역에 대한 기도 요청을 하자 마침 케네디는 아내의 친정인 뉴저지를 방문할 예정이라고 했고 시간을 내서 거리 예배에 와보겠다고 했다.

세계를 교구삼아 뛰겠다고 걸음마 영어를 시작하던 10년 전 나의 모습을 기억한다. 세계선교를 어떻게 이룰 수 있을지 아무런 계획도 대책도 없이 그저 내가 할 수 있는 작은 노력을 쉬지 않았고 내 안에 계신 성령님만을 신뢰함으로 오직 믿음으로 달려왔다. 그랬던 내가 어느덧 열방이 모이는 뉴욕 맨해튼에서 세계인들과 함께 예배하고 복음을 선포하는 지금의 모습으로 변화된 것은 정말 기적이다. 모두가 하나님의 인도하심이다. 하나님께서 그것을 확인시켜주고자 초창기 걸음마 단계였을 때 만났던 케네디를 보내신 것이다. 케네디와 교제를 나누는 동안 내 영 깊은 곳에서 성령의 음성이 들리는 듯했다.

'영원토록 내가 너와 함께하리라.'

부의 이동에 대한 기도응답

베이징 올림픽을 겨냥한 맨해튼 거리 예배 사역의 결과로 성령께서 새로운 일을 이루시기 시작하셨다. 엘리야 김 목사님으로부터 코네티컷주 하트퍼드(Hartford)라는 도시에서 열리는 신학 심포지엄에 초청한다는 내용의 이메일이 왔다.

8월 22일 하트퍼드에 도착하자 두 가지 놀라운 일이 기다리고 있었다. 작은형 지요한 목사님이 그곳에 와 있었다. 2007년부터 '성경암송 드라마 설교'라는 분야를 개척하여 사역하고 있는 형과 함께 3박 4일을 같은 방에서 보내게 되었다. 또 하나는 심포지엄에서 간증을 하게 된 일이었다. 하트퍼드에 도착하자마자 엘리야 김 목사님께서 말씀하셨다.

"지 목사님, 성령님께서 갑자기 지시하신 일이 있습니다. 수요일 저녁 식사 전 15분 동안 월스트리트 전도에 대한 간증을 부탁합니다. 형 지요한 목사님께도 성경암송 드라마 설교를 해달라고 부탁했습니다. 귀한 사역을 하는 분들이 서로 고립되어 있는 모습을 볼 때 참으로 안타까운 마음이 들었습니다. 나눔을 통하여 귀한 네트워킹이 이루어지기를 성령께서 원하시는 것 같습니다."

170여 명의 기라성 같은 사역자들 속에서 이미 계획된 일정들이 있었음에도 불구하고 간증을 하게 된 것은 놀라운 시작을 예고하는 일이었다.

전철과 월스트리트에서 세계인들에게 그들의 언어로 노래를 불러주면서 복음을 전하고, 악한 영의 진영에서 하나님나라의 진영으로 부가 이동되기를 기도하는 내용의 간증을 했다. 간증하고 나서 많은 사역자들과 만나게 되었는데 그중 박 목사님은 탁월한 선교사요 목회자로서 귀한 영적 전략가셨다. 목사님은 한 달 후 9월 말에 본인이 섬기는 교회 부흥회에 우리 형제를 강사로 초청하셨다.

8월 신학 심포지엄 행사 이후 9월 15일에 미국의 4대 투자회사 중 하나인 리먼브라더스(Lehman Brothers)가 파산하면서 세계적인 회사들이 줄줄이 도산하는 사태가 일어나면서 월가(Wall街)는 크게 붕괴되었다. 박 목사님은 월가에서 부의 이동이 기도응답의 사례라며 나를 크게 격려해주셨다.

"부가 재편성되기 위해서는 기존의 금융 질서를 흔들어야 할 필요가 있었어요. 전 세계 많은 중보자들이 세계 금융의 재편성을 위한 중보기도의 화력을 월스트리트로 모으고 있었는데 지 목사님이 그 기도의 화력이 모아지는 곳에서 하늘의 정사와 권세와 어둠의 주관자들과 맘몬의 영을 향하여 요격하는 방아쇠와 총구멍 역할을 하신 것이지요."

나 또한 한 구체적인 사례를 듣고 그 기도가 진짜 응답된 것이라는 확신을 가질 수 있었다.

미국의 크래프트(Kraft)라는 식품 회사는 매출액의 25퍼센트를 선교비로 헌금하는 아주 귀한 회사인데 금융대란으로 인하여 세계적인 대기업들이 퇴출된 자리에 올라가 나스닥에 상장이 되며 세계적인 기업의 반열에 오르게 되었다.

나는 그로부터 1년 반이 지난 2010년 2월 초에 크래프트 사(社)의 소식을 듣고 더욱 놀라움을 금치 못했다. 크래프트 사가 영국의 캐드버리 초콜릿 회사를 인수하여 세계 제과시장 20퍼센트를 점유하면서 세계 1위 제과회사로 등극했다는 것이다. 하나님께서 실로 1년 6개월 만에 어마어마한 부를 하나님의 기업가에게 이동시키신 것이다. 지금은 하나님께서 선교를 급히 완성하시기 위해서 이사야서 60장 5절의 말씀을 성취하고 계시는 것을 볼 수 있는 시대다.

　　이는 바다의 부가 네게로 돌아오며 이방 나라들의 재물이 네게로 옴이라

　　2008년 9월 월가의 붕괴 사건은 부의 이동을 위한 월스트리트에서의 중보와 전도 사역이 충분한 가치와 효과가 있음을 알려주었다. 그후 집회 요청이 쇄도하게 되었는데 전혀 뜻밖의 일이었다. 더 놀라운 사실은 집회 때 월가 붕괴 사건에 대한 간증을 하면 집회 후에 세계 재정의 재편성을 위해 수년 전부터 기도하고 있었다는 숨은 중보자들을 만나게 되는 것이었다.

목사님도 전도하세요?

　　신학 심포지엄 이후 많은 네트워킹이 이루어지면서 여러 사역들이 일어나기 시작했다. 교회들이 나를 집회 강사로 초청하기 시작했다. 주일 설교, 전도 축제, 부흥회, 성가대 및 찬양팀 세미나, 집회 특송 등 여러 사역들이 열리게 되었다. 신학 심포지엄 이후 처음으로 뉴욕을 떠나 부흥회 강사로 초청받아 초청 교회로부터 융숭한 대접을 받으면서 불현듯 이런 생각이 들었다.

'거리 전도 그만두고 부흥회 강사로만 다니면 참 좋겠다….'

교회도 선교단체도 동역자도 없는 뉴욕 거리로 돌아갈 생각을 하니 가슴 한편이 쓰려왔다. 그때 성령께서 나지막이 말씀하셨다.

'나와 함께 진정한 로맨스를 누릴 수 있는 곳은 사람의 칭찬을 받는 곳이 아닌 예수 이름 때문에 욕을 먹고 무시당하고 너를 몰라주는 뉴욕 거리란다.'

성령님의 그 음성을 간직하고 뉴욕으로 돌아와 피켓을 들고 다시 거리로 나갔다. 과연 전철과 거리에선 아무도 나의 존재를 알아봐주지 않았다. 그때 내 육적 본성 속에 그들을 향한 세속적 외침이 있음을 확인할 수 있었다.

'여러분, 제가 며칠 전에 수백 명 앞에서 찬양하고 설교해서 많은 사람들을 감동시킨 사람이에요. 저를 좀 인정해주세요.'

과연 예수님의 이름은 세상 속에서 버린 바 된 이름이었다. 그 이름을 들고 외치는 자도 세상으로부터 버린 자 취급을 받는다. 그것을 생각해볼 때 자기를 부인하는 삶의 최고봉은 세상 앞에서 "예수는 구원자 하나님이에요"라는 말을 외치는 것이 아닌가 생각한다.

하나님의 지혜에 있어서는 이 세상이 자기 지혜로 하나님을 알지 못하므로 하나님께서 전도의 미련한 것으로 믿는 자들을 구원하시기를 기뻐하셨도다 유대인은 표적을 구하고 헬라인은 지혜를 찾으나 우리는 십자가에 못 박힌 그리스도를 전하니 유대인에게는 거리끼는 것이요 이방인에게는 미련한 것이로되 오직 부르심을 받은 자들에게는 유대인이나 헬라인이나 그리스도는 하나님의 능력이요 하나님의 지혜니라 고전 1:21-24

아무도 알아주지 않는 바로 그 거리에서 성령님의 음성이 내면에 메아리쳤다.

'걱정하지마. 내가 널 알아주고 있잖니. 넌 나의 사랑이야. 아무도 알아주지 않는 거리에서 나와 교제하자.'

나에게 있어서 거리는 육체적으로는 광야지만 영적으로는 성령께서 더욱 따뜻한 음성으로 나를 위로하는 곳이다. 나를 부인할 수 있는 자리, 겸손의 영성을 유지케 하는 자리다. 거리는 내가 누군지 확실히 알게 해주는 곳이다. 칭찬받은 일들은 내가 한 것이 아니고 내 속에 계신 성령께서 하신 것을 알게 해주는 자리다. 그래서 나에게 있어서 거리는 내 안에 계신 성령님과 가장 깊은 로맨스를 이룰 수 있는 장소다.

어느 날 거리에서 전도를 하고 있는데 어떤 한국 여자 집사님께서 다가오시더니 나에 대해 궁금해 했다. 목사라고 하니까 그 분이 반문했다.

"목사님도 전도하세요?"

그 말을 듣는 순간 의문이 떠올랐다.

'아니, 복음을 알고 누리는 목사가 전도 안 하면 누가 전도하는 거지?'

그때 결심했다.

'앞으로 내가 어떤 사역을 하고 어떤 위치에 올라간다 해도 나의 영성을 순수하게 유지하기 위해서 이 거리 전도는 결코 포기하지 않으리라.'

신학 심포지엄을 마치고 엘리야 김 목사님과 헤어질 때의 장면을 잊을 수가 없다. 목사님은 작별 인사를 충분히 하고 한참을 가시다가 다시 돌아오셔서 눈물을 글썽이며 나를 와락 껴안으시면서 말씀하셨다.

"지 목사님, 끝까지 변하면 안 돼요."

뉴욕증권거래소 여리고 작전

2009년 1월, 성령께서는 월스트리트에 대한 새로운 전략으로 나를 이끄셨다. 나는 월스트리트에 도착하면 가장 먼저 뉴욕증권거래소를 한 바퀴 돌며 기도하는 사역을 한다. 그런데 하루는 기도하는데 갑자기 이스라엘 백성들이 여리고 성(城)을 7일째 되는 날 일곱 바퀴 돌아서 무너뜨렸던 것이 생각났다. 7은 하나님의 숫자다. 하나님의 뜻이 이루어지고 사단의 뜻이 무너지도록 그날부터는 일곱 바퀴씩 돌면서 믿음의 기도와 선포를 하기 시작했다.

미국 경제가 무너지고 뉴욕증권거래소 건물이 무너지기를 기도하는 것이 아니었다. 돈을 통해 인간의 영혼을 파멸시키는 사단의 뜻이 무너지고 하나님의 풍성한 생명의 축복이 월스트리트에서부터 온 지구촌 구석구석에 퍼지기를 바라는 마음을 주님께 올려드렸다. 이스라엘 백성들처럼 여섯 바퀴는 침묵으로 돌다가 일곱 바퀴째 찬양과 중보기도로 하늘에 있는 악한 영들과 전쟁을 하기 시작했다. 마지막 바퀴를 돌며 찬양을 할 때 또 다른 신성 숫자인 3과 관련된 국악의 곡조인 3분박 찬양이 갑자기 터져 나왔다.

"거룩한 성전에 거하시며 하늘 보좌에 계신 주."

마지막 바퀴를 돌 때 서울대 입학할 때 체험한 기적의 숫자 37이 생각났다. 놀라운 일치였다. 37은 다윗의 별 즉, 이스라엘과 관련된 숫자다. 나아가 37은 뉴욕증권거래소에서의 일곱 바퀴 돌기 3분박 찬양이라는 기도 사역을 계시하고 있었다.

몇 달 뒤 하나님의 인도하심으로 중국 연변과기대 교수님들과의 만남이 있었다. 그때 나는 뉴욕증권거래소를 일곱 바퀴 돌며 3분박 찬양을 한다는 것을 간증했다. 뉴욕으로 돌아온 약 한 달 뒤에 연변에서 만났던 교수님과 인터넷상에서 채팅을 하게 되었다. 채팅 직전까지 '다윗의 별 37'에 대한 내용이 있는 김명현 교수의

〈창세기 1장 1절의 비밀〉이라는 강의 DVD를 보다가 '일시 멈춤(pause)'을 누르고 채팅을 시작했다.

채팅을 통해 증권거래소를 일곱 바퀴 돌며 3분박 찬양을 하는 이야기를 다시 하다가, 연변에서 미처 간증하지 못한 서울대 입학 기적 스토리 중 37과 36에 대한 간증을 했다. 40분쯤 뒤에 채팅을 마치려는 순간 채팅 전에 보던 강의 DVD 일시 멈춤 시간을 보았는데 바로 37분 36초에 멈추어져 있었다. 나의 의지와는 전혀 상관없이 일어난 일이었다. 순간 주의 음성이 들렸다.

'내가 너와 함께한다.'

맨해튼 브로드웨이의 영적 도해

2009년 1월 어느 날, 평소와 다름없이 월스트리트에서 뉴욕증권거래소를 일곱 바퀴 도는 땅 밟기 중보 사역을 마치고 찬양과 복음을 선포하고 전도지를 배포했다. 역시 돈이 많아 보이는 뉴요커들과 세계 관광객들의 냉랭한 반응을 실컷 체험했다. 몸이 좀 아파서 조금 일찍 귀가하려고 전철을 타기 위해 브로드웨이를 건너려는 순간 새로운 생각이 떠올랐다.

월스트리트와 타임스스퀘어는 브로드웨이라는 길로 연결되어 있다. 화요일은 월스트리트, 수요일은 타임스스퀘어에서 전도 사역을 하고 있었으나 두 장소가 브로드웨이를 통해 직통으로 연결되어 있다는 생각을 한 것은 처음이었다. 그러면서 그것이 우연이 아니라는 생각이 들었다. 영적인 차원에서 생각을 해보았다. 월가는 돈을 창출하는 곳의 중심이고 타임스스퀘어는 돈을 소비하는 곳의 중심이라면, 월가에서 만들어낸 돈이 브로드웨이(Broadway, 직역하면 넓은 길)를 통해 소비의 중심이라 할 수 있는 타임스스퀘어로 흘러들어가는 것이 아닌가? 그러한 생각을 하고 있는데 갑자기 성령께서 말씀을 주셨다.

멸망으로 인도하는 문은 크고 그 길이 넓어(broad) 그리로 들어가는 자가 많고 마 7:13

그 말씀을 받는 순간 바로 맨해튼의 브로드웨이가 다운타운(downtown, 지옥을 상징) 방향으로 원웨이(oneway, 일방통행)라는 것이 의미 있게 다가왔다. 그러면서 처음 내가 월스트리트로 나와 맘몬의 영과 영적 전투를 하게 하실 때 주셨던 두 말씀이 새로 받은 말씀과 정확하게 맞아떨어지는 것을 알 수 있었다.

하나님과 재물을 겸하여 섬기지 못하느니라 마 6:24

돈을 사랑함이 일만 악의 뿌리가 되나니 딤전 6:10

'세상 사람들은 넓은 길을 가기를 좋아한다. 돈을 따라 세상과 타협하는 것을 좋아한다. 그러나 그 넓은 길, 편한 길은 결국 멸망으로 이끈다. 하나님께서는 우리를 좁은 길로 인도하시기를 원하신다. 그 길이 우리를 생명으로 이끈다.'

몸이 아파서 집에 일찍 돌아가고 싶은 생각은 온데간데없이 사라지고 반사적으로 다운타운으로 향하는 넓은 길을 거슬러 업타운(uptown, 하나님의 나라를 상징)을 향해 전도 피켓을 들고 올라가기 시작했다.

좁은 길로 가리라

업타운을 향하는 순간 난데없이 한국 찬양이 튀어나왔다. 뉴욕에서 전도를 하기 때문에 주로 영어 찬양만 했었는데 한 번도 불러보지 않던 한국 찬양이 튀어나온 것이 신기했다.

주님 다시 오실 때까지 나는 이 길을 가리라
좁은 문 좁은 길 나의 십자가 지고

〈부흥〉이라는 찬양으로 잘 알려진 고형원 형제의 〈주님 다시 오실 때까지〉라는 곡이었다. 찬양 중에 "좁은 문 좁은 길, 나의 십자가 지고"라는 가사가 흘러나오는 순간 '지금 나는 십자가를 들

고 넓은 길을 거슬러 올라가고 있지 않은가?'라는 생각을 했다. 그
때 성령님의 기름부으심이 강하게 임하면서 그분의 음성이 들리
는 듯했다.

'이것은 나의 계획이니라.'

"좁은 문 좁은 길"이라는 가사가 나오는 것을 알고 일부러 그
찬양을 부른 것이 아니었다. 정확히 마태복음 7장 13절의 주제와
맞아떨어지는 찬양곡이 흘러나오도록 성령께서 각색하신 것이라
는 생각이 들었다. 계속 이어 부르는 동안 성령의 기름부으심은
계속되었다.

나의 가는 이 길 끝에서 나는 주님을 보리라
영광의 내 주님 나를 맞아주시리
주님 다시 오실 때까지 나는 일어나 달려가리라
주의 영광 온 땅 덮을 때 나는 일어나 노래하리
내 사모하는 주님 온 세상 구주시라
내 사모하는 주님 영광의 왕이시라

찬양이 계속되는 동안 주님의 생애와 나의 생애가 겹쳐서 묵상
되기 시작했다. 주님은 좁은 문으로 들어가셨다. 좁은 길을 가셨
다. 세상과 타협하지 않으셨다. 그 좁은 길은 십자가의 길이며 자

기 부인의 길이다. 그 좁은 길, 십자가의 길 끝에서 주님은 죽으시고 부활하시어 하늘 보좌에 다시 오르셔서 영광을 회복하셨다. 그리고 그 보좌에서 우리 믿는 자에게 성령을 부으셨다.

믿는 자인 우리 안에 들어오신 성령님은 예수 그리스도의 영이시다. 그리스도를 믿는 자는 좁은 길, 십자가의 길을 가신 그리스도의 영을 모시고 사는 존재이기에 그분의 길을 따라가야 한다. 예수님은 믿는 자들을 좁은 길 십자가의 길로 이끄시기 위해서 오셨다. 우리도 세상과 타협하지 않고 돈을 따라가지 않는 좁은 문으로 들어가고 좁은 길 즉, 생명의 길인 십자가의 길을 갈 때 그 길 끝에서 주님을 맞이할 것이다. 각자 자기 몫의 길, 자기 부인의 삶을 걸어갈 때에 그 십자가의 길 끝에서 다시 오실 주님을 만나게 되는 것이다.

그러한 깨달음이 영혼 깊은 곳에서부터 흘러넘치면서 성령의 음성이 들렸다.

'아들아, 이것은 우연이 아니니라. 나는 너를 인도하는 하나님이니라. 나는 너의 앉고 일어섬을 알며 너의 생각을 다 알고 있느니라. 내가 너에게 월스트리트에서 타임스스퀘어까지 브로드웨이로 연결되는 것을 생각나게 했노라. 오늘 브로드웨이를 걷게 한 것은 나의 계획이니라. 네가 평소에 전혀 부르지 않던 찬양을 부르게 한 것도 나의 계획이니라. 브로드웨이 땅 밟기 사역과 찬양

가사의 좁은 길에 대한 나의 뜻을 알려주기 위함이니라.

너는 앞으로 이 메시지를 가는 곳마다 전하게 될 것이다. 나의 자녀들에게 가서 전하라. 영광스러운 재림을 맞이하기 위하여 좁은 문으로 들어가고 좁은 길로 가라고 전하라. 자기 부인의 십자가의 길만이 생명의 길임을 전하라. 이 찬양을 부르며 마태복음 7장 13절을 주제로 하여 지금 가르쳐준 맨해튼에 대한 영적 도해를 나누어라.'

월스트리트를 출발하여 다운타운 쪽으로 향하는 넓은 일방통행 길을 거슬러 한 블록 한 블록 점령해가며 업타운을 향해 가는 일은 그리 쉽지 않았다. 맨해튼의 길은 바둑판같아서 블록을 지날 때마다 수많은 신호등이 있는 건널목들을 건너야 했다. 뉴욕 맨해튼 내에서 통용되는 씁쓸한 유머가 있다.

"맨해튼에서 보행자가 건널목 신호를 잘 지키는 것은 오히려 통행에 방해가 된다."

그런데 하나님께서는 내게 이상한 명령을 내리셨다.

'멈추지 말고 전진하라. 그러나 신호를 철저하게 지켜라. 왜냐하면 넌 '예수'라는 이름을 들고 다니는 사람이기 때문이다.'

'어떻게 신호를 지키며 멈추지 말라는 말인가?'

그 의문은 금방 풀렸다. 맨해튼 길은 바둑판처럼 되어 있으므로 앞길의 신호가 빨간색이면 직각으로 난 옆쪽 길은 보행자 신호가 켜진다. 그래서 나는 지그재그로 브로드웨이를 멈추지 않고 신호를 지키며 걸을 수 있었다. 신호가 조금 늦게 풀릴 때면 제자리걸음을 하기도 했다. 지나가는 사람들이 이상하게 쳐다보기도 했지만 나는 성령님의 음성에 순종했다. 이상한 순종의 모습을 통해 또 하나의 깨달음이 떠올랐다.

하나님의 사람들은 하나님의 말씀에 순종하여 사는 사람들이다. 때론 세상 사람들이 어리석다고 손가락질하며 비웃을지라도 세상과 타협하지 말고 세상 법도 잘 지키며 자기 부인의 좁은 길을 가야 한다. 하나님의 뜻을 이룬다고 하면서 세상과 타협하는 것을 하나님은 결코 기뻐하시지 않는다. 우리의 가슴과 이마에는 예수의 이름이 새겨져 있기 때문에 조금 돌아가는 길이라도 하나님의 뜻을 따라 좁은 길, 십자가의 길을 가야 한다. 결과보다 과정이 중요하다. 우리가 하는 것이 아니고 그분이 하시는 것이기에 그 과정에서 거룩을 나타내야 한다.

성령님은 나로 브로드웨이를 걷게 하시면서, 세상과 타협하는 넓은 길을 가지 말아야 할 것에 대해 정확히 가르치고 계셨다. 그러면서 브로드웨이를 걸어가며 "좁은 문 좁은 길"을 찬양하는 내 모습이 오버랩되었다.

여호사밧
군대로 세워지다

못다 핀 전도자의 삶

2008년 가을쯤부터 십수 년 동안 연락이 단절되었던 음대 동기들과 연락이 빈번해졌다. 그러는 가운데 동기 음악회를 개최하자는 의견이 나누어졌다. 입학 20주년을 기념하고 1988년에 오페라 연습 도중 서울대 문화관 대강당 음향판이 떨어지는 사고로 먼저 천국에 간 하나님의 사람 심재훈과 괌에서 추락한 항공기 사고로 유명을 달리한 박소현, 두 동기생을 추억하며 음악회를 개최하자는 것이었다.

복음 전도자로 부름받고 나서 음악가라는 타이틀을 내려놓았기 때문에 음악회에 출연하고 싶은 마음은 없었다. 그러나 재훈이가 이 땅에서 그토록 사랑했던 하나님에 대한 노래를 부를 수 있다면 한국에 나가 음악회에 참여할 의사가 있다고 했더니 모든 동기들이 찬성하여 음악회 끝부분에 성가 합창을 하기로 했다. 그리고 합창 직전에 찬양곡 두 곡을 부르도록 프로그램이 정해졌다.

나는 음향판이 떨어지는 사고가 나기 바로 전날 방배동에서 어떤 사람들과 시비가 붙어 안경이 깨지고 코와 다리를 다쳤다. 다음 날 오페라 리허설에 참석하려고 문화관 대강당으로 들어가자 연출자 교수님은 다리를 절뚝거리는 내게 객석에 앉아 있으라고 하셨다. 당시 88학번 모든 동기들은 무대 설치를 위해 소품들을 챙기고 있었고 내가 객석에 앉고 약 10분 뒤에 음향판이 무대로 떨어졌다.

대부분의 동기들이 잽싸게 피하며 사고를 면할 수 있었는데 문익환이라는 친구는 허리를 다치고 재훈이는 뇌사 상태에 빠지고 말았다. 동기들 모두 재훈이의 죽음을 이해할 수 없었다. 어느 누가 봐도 재훈이는 하나님의 사람이었다. 그는 성악과 안에 큐티 모임을 만들고 중창단을 조직하여 찬양선교에 앞장섰다. 그 순전한 하나님의 사람 재훈이는 비참한 죽음을 당하고, 난 세상적 방황 때문에 죽음을 면한 셈이다. 나 대신 재훈이가 죽은 것만 같았다.

비록 꽃다운 나이에 먼저 천국에 갔지만, 재훈이의 헌신이 성악과와 음대 내에 퍼졌고 그 영성이 흘러서 후배들에게 전해졌다.

현재 서울대 성악과 내에 찬양선교단이 만들어져 해외를 다니며 선교하게 된 것은 결코 우연이라고 할 수 없다.

한편 하나님께서는 못다 핀 재훈이의 전도자로서의 삶을 대신 살도록 하시기 위해 세상에 찌들어 있던 나를 과분하게 살려내셔서 전도자로 만드셨다. 그리고 세계의 중심 뉴욕에서 전도와 중보 사역을 감당하게 하시며 전 세계 예술인들을 여호사밧 군대로 세우는 데에 작게나마 사용하고 계심을 생각할 때 실로 하나님의 섭리와 경륜은 놀라우시다.

나는 이런 사실을 추억하며 동기들에게 한 가지를 더 요구했다.

"음악회 때 재훈이와 관련한 내 삶의 간증을 할 수 있을까? 그저 휴머니즘 차원에서 재훈이와 소현이를 추모하는 음악회로 끝내지 말고 재훈이를 먼저 데려가신 하나님의 섭리를 찬양하는 음악회로 올려지면 좋을 것 같아."

동기들의 회의 결과, 내가 말로 하기보다는 재훈이와 얽힌 간증을 글로 써서 인쇄한 후 음악회 안내 책자 사이에 끼워서 참석자들에게 나누자는 것이었다. 그렇게 하기로 했다.

나는 2008년 12월 1일에 음악회를 위해 한국으로 갔다. 음악회를 며칠 앞두고 무대 리허설을 할 때 성령께서 내게 갑자기 쉽지 않은 자기 부인의 삶을 요구하셨다.

'동기들이 먼저 여호사밧의 노래하는 군대로 세워지도록 그들

1988년 오페라 〈돈 지오반니〉 공연을 마치고.

을 위해 기도하라. 그리고 동기들에게 복음을 전하라.'

적잖이 부담이 되었다. 18년 만에 만난 친구들에게 복음을 전한다는 것이 썩 내키지 않았다. 그러나 내키지 않는 상황에서 "예수님이 하나님이십니다. 생명이 없으면 지옥에 갑니다"라는 외침은 가장 단순하고 강력하게 자기를 부인하는 삶임에 틀림없었다. 속으로 기회를 주시기를 성령께 요청했다. 그리고 성령께서는 기도에 응답을 하셔서 아주 자연스럽게 복음을 전하게 하셨다.

개인 리허설이 끝나고 합창 리허설을 위해 합창 대형으로 서게 되었다. 순간적으로 지혜가 떠올랐다. 내가 손을 들고 말했다.

"우리들 대부분이 교회 지휘자, 솔리스트들인데 찬양곡을 부르기 전에 기도를 하는 게 어떻겠니?"

동기들이 찬성을 했고 한 친구가 제안했다.

"목사님이신 형님이 기도하시죠."

작전이 맞아떨어졌다. 나는 동기들보다 최대 일곱 살, 최소 네 살이 많았다. 재학 시절부터 연장자 대우를 해주어 동기들에게 고마움을 가지고 있었는데 몇십 년이 지나 다시 그러한 분위기가 연출되었다. 내가 앞으로 나갔을 때 전도자로서 할 이야기를 성령께서 하셨다.

"우리가 이렇게 몇십 년 만에 모이게 된 것은 우연이 아니라고 생각해. 재훈이 때문에 모였다는 것을 모두 인정한다면 재훈이가 그토록 사랑했던 하나님을 생각해보았으면 해. 너희도 내 간증을 읽어서 알다시피 재훈이 삶의 나머지 몫을 내가 전도자로서 살아가고 있는 것 같아. 하늘에 있는 재훈이가 지금 가장 바라는 것은 뭘까? 우리 모두 아름다운 목소리를 가지고 있고 교회에서 지휘자 혹은 독창자로 있는데 교회에서 아름다운 목소리로 노래를 부른다고 하더라도 정작 이 세상에서 가장 아름다우신 주님과 생명의 관계를 맺지 못했다면 지옥에 갈 수밖에 없어. 혹시 예수님을 아직 만나지 못한 사람이 있다면 예수님을 구세주로 모셔 들이고 창조주와 구원자 하나님의 생명 안에 들어가기를 바란다. 우리 함께 기도하자."

지옥이라는 단어가 내 입에서 튀어나가자 고개를 숙이는 동기들도 있었다. 사실 전도하다보면 바보가 되는 느낌이 들 때가 많다. 그때가 바로 나를 부인하게 되는 순간이다. 마땅한 후원 교회도 없는 전도자로서 한국에 가서 음악회를 한다는 것은 재정적으로 큰 무리였다. 그러나 사랑하는 동기들에게 하나님을 만난 간증과 여호사밧의 군대로 소집하시려는 하나님의 소원을 전달하고 복음을 전할 기회가 있다면 충분히 투자할 가치가 있다고 생각해서 한국행을 결정할 수 있었다. 감사하게도 하나님께서는 신실하게 이 모든 기회를 허락해주셨다.

새로운 귀한 만남들

2009년 2월 초에 콜로라도 덴버(Denver)에서 서로 다른 교단적 배경을 가진 분들의 모임이 있었다. 때가 때여서인지 하나님께서 교단적 배경과는 상관없이 성령 안에서 하나로 연합하게 하심을 본다. 그러한 우주적 교회의 일원이자 한 가족으로 모이는 이 멤버들은 서로를 위해 생명을 걸고 기도한다. 우리는 사랑의 교제를 나누고, 헤어지기 전에 성령의 놀라운 기름부으심 속에서 귀한 은사들을 나누는 시간을 가졌다. 성령님께서는 성도 간의 아름다운 교제를 통하여 곧 다가올 미래의 일들을 예언해주셨다.

'생각하지 못했던 귀한 사역자들을 많이 만나게 되리라.'

성령님은 덴버에서 주신 말씀을 신속히 그리고 신실하게 이루어가셨다. 바로 일주일 뒤에 나는 제주도에서 열리는 선교 컨퍼런스에 초청을 받아 참석하게 되었다. 첫날 밤새도록 컨퍼런스에 강의자로 참석한 사역자들과 각자의 사역과 삶을 나누면서 네트워크를 형성하게 되었다.

그중에서도 대학에서 경영학을 가르치는 J교수와의 만남은 아주 특별했다. 그는 제주도로 올 때 성령님으로부터 "이유를 묻지 말고 제주도로 가라. 내가 너에게 꼭 만나게 할 사람이 있다"라는 음성을 듣고 왔다고 했다. 그는 월스트리트에서 전도하고 뉴욕증권거래소를 돌며 찬양하며 맘몬의 신과 영적전쟁을 하면서 세상의 부가 킹덤 비즈니스맨들에게 옮겨지기를 기도하는 내 이야기를 듣더니 말했다.

"지 목사님이 세계경제 흐름을 바꾸어놓고 계셨군요. 성령님께서 '묻지마 여행'을 명령하신 것이 바로 목사님을 만나게 하시려는 것이었습니다."

경제 분야 전문가의 입에서 그러한 말을 들은 것은 내게 엄청난 격려가 되었다. 제주 컨퍼런스를 통해 국내 교계 및 선교계의 리더로 급부상하고 있는 귀한 사역자들과의 만남도 특별했다. 마지막 날은 제주연합집회로 치르게 되었다. 가수 심수봉 집사님의 찬양과 일본 부흥의 주역이신 타키모토 준 목사님의 말씀이 끝난 후 내가 찬양과 간증을 하게 되었다. 나는 브로드웨이를 걸으면서 불렀던 〈주님 다시 오실 때까지〉를 부르며, 브로드웨이에서 체험했던 내용을 간증했다.

동기 음악회 참석과 제주도 선교 컨퍼런스에서 간증과 특별 찬양이 한국 방문의 주목적이었으나 한국에 체류하는 동안 놀라운 만남들이 계속되었다. 대전 카이스트의 과학자 청년들, 국악 찬양으로 온 열방과 이스라엘이 하나되어 드리는 예배를 준비하는 손해석 목사님, 중국 연변과기대 교수님들, 서울대학교회 창립 멤버이신 박홍수 목사님과 제원호 교수님을 비롯한 성도들, 한국의 중보자 어리바리 가족들, 김우현 감독, 다니엘 박 교수, 문애란 웰콤

고문, 문미엔 크리스천 연예인들, 여러 분야 기독 CEO들, 60만 군 선교에 헌신하시는 이순귀 권사님 등 상상하지도 못했던 귀한 하나님의 사람들을 만난 일들을 일일이 다 나열할 수 없을 정도다.

1998년에 주의 종으로 부르심을 받고 예배자들과 함께 복음을 전하는 비전을 받았을 때 하나님께 올려드렸던 기도가 생각난다.

'주님께 순종했으니 주신 비전을 이루기 위해 음악가들을 만나게 해주세요.'

지난 십수 년간 하나님께서는 그 기도에 지속적으로 신실하게 응답하셨다. 그 기도를 하자마자 당시 교회 내에 있는 대부분의 음악가들을 나의 의지적인 노력과 상관없이 만나게 하셨고, 세월이 흐르면서 국내 유명한 예술가들을 기적처럼 만나게 하셨다. 특히 한국 CCM계에 '톱 3'로 일컬어지는 박종호 선배, 송정미 사모 그리고 '소리엘'의 지명현 전도사를 만나게 하신 것은 하나님의 놀라운 섭리라고 밖에 말할 수 없다.

1999년 3월 한세대 신학대학원에 입학하여 첫 수업 시간에 소리엘의 지명현 전도사를 만났다. 첫 학기 개인적인 사정으로 힘들었을 때 지 전도사로부터 위로의 중보기도를 받으면서 급속도로 친밀해졌다. 그리고 하나님께서는 신대원 내에서 지 전도사를 비롯해 몇몇 동기 전도사들과 삶을 나누며 중보하도록 하셨다.

2002년에 신대원 졸업을 하고, 2003년 1월 뉴욕으로 오기 전 몇 개월 동안은 내가 근무하였던 음악연구소 사무실에서 지 전도사와 몇몇 중보자들이 매주 목요일 저녁마다 서로의 비전과 삶을 위해 기도하는 모임을 가지기도 했다. 뉴욕에서 청년부 사역자로 섬기던 2004년 8월에는 '소리엘'의 뉴욕 콘서트 현장에서 기쁨의 재회를 하였고, 그후 학업을 위해 캘리포니아에 온 지 전도사와 지속적인 만남을 유지하고 있다.

2004년 11월 뉴욕 어느 한인교회에서 박종호 선배의 콘서트가 있었다. 그는 서울 음대 선배이기도 했고, 학창시절에 그의 목소리를 연구했던 터라 콘서트에 가보고 싶었다. 콘서트가 끝나고 박종호 선배와 함께 사진을 찍을 기회가 있었다. 내가 후배라고 소개하자 그는 나에 대한 소식을 이미 듣고 있었다면서 반겨주었고, 그때부터 박종호 선배와도 지속적인 친분을 갖게 되었다.

그중에서도 송정미 사모님과의 만남은 하나님의 부르심과 인도하심을 다시 한 번 확인할 수 있는 사건이었다. 2009년에는 집회 사역 때문에 수차례 한국을 방문했다. 그때 존경하는 케냐 임은미 선교사님으로부터 송정미 사모님을 소개받아 숭실대학교 교회음악과 채플 시간에 설교를 하면서 교제하게 되었다.

그 일은 정말 꿈만 같았다. 오래 전부터 열렬한 팬이었을 뿐 아니라 1998년 주의 종으로 부르심에 순종한 것에 대한 후회로 두려움에 떨 때 송정미 사모님의 〈오직 주만이〉라는 곡으로 기쁨과 감사와 감격을 회복했고, 그 다음 날엔 차 안에서 〈임하소서〉라는 곡을 듣는 동안 성령께서 기름을 부으시는 놀라운 체험이 있었는데 바로 그 두 찬양을 부르신 분을 만난 것이다. 사모님은 귀한 간증과 권면뿐 아니라 축복송까지 불러주셨다.

'음악가들을 만나게 해주셔야겠네요?'라는 기도에 분에 넘칠 정도로 응답하신 그리고 아직도 응답하고 계시는 하나님이시다. 지금도 뉴욕, 뉴저지, 버지니아, 메릴랜드, 필라델피아, 캘리포니아 등 타주와 한국에 있는 많은 음악가들을 계속 만나고 있다.

유대인 기도모임에 참석하다

2010년 4월 27일 김우현 감독의 뉴욕을 위한 마지막 기도 여정 중 하나가 예루살렘 식당 방문이었다. 우린 전혀 예상치 못한 하나님의 인도하심으로 그 식당을 알게 되었고 그곳에서 랍비 엘르아살과 인터뷰를 하고 교제하게 되었다.

인터뷰를 마치고 나는 교회 버스를 몰고 김 감독팀 멤버들의 짐을 가지러 뉴저지에 있는 호텔로 갔다. 그 사이에 김 감독은 예루살렘 식당에 남아 있었는데 오후 4시가 조금 넘었을 때 유대인들의 기도회를 목격하였고, 짐을 가지고 돌아온 나에게 신기한 광경을 봤다고 말했다.

그로부터 며칠 뒤 나는 한 청년과 맨해튼에서 만나자고 대충 약속을 해놓았다. 장소를 정하지 않은 상태였기에 무심코 며칠 전에 김 감독과 함께 갔던 그 유대인 식당에서 만나자고 했다.

2010년 4월 29일 오후 4시, 나는 뉴욕 맨해튼 한가운데 있는 유대인 식당 2층으로 뛰어 올라갔다. 만나기로 약속한 청년이 왔는지 살피며 두리번거리는 나에게 어느 키 큰 유대인이 물었다.

"Do you want to join us(우리와 함께 할래요)?"

그는 'Mincha(민하)'라는 전통 유대인(Orthodox Jewish)들의 오후 기도회를 인도하는 사람이었다. 무슨 의도였는지는 잘 모르지만 그는 정식으로 나를 자기들의 오후 기도회에 초청을 한 셈이다. 나는 얼떨결에 "Yes!"라고 대답했다.

약속 시간인 오후 4시에 그 식당에 도착하자마자 뜻밖에 김 감독이 목격했던 유대인 오후 기도회에 참석하게 된 것이다. 오후 4시 10분쯤 되자 전통 종교인 복장을 한 유대인들이 마구 쏟아져 2층으로 올라왔고 곧 기도회가 시작되었다. 유대인들은 모두 일어서서 왼손에는 모세오경인 토라를 들고 몸을 앞뒤, 좌우로 흔들며 토라를 읽으며 기도하기 시작했다. 그러다가 맨 앞에 서 있는 키 큰 유대인이 오선지 악보로 표현할 수 없는 자유로운 선율로 선창하면 모두 다 같이 "아멘!" 하는 식으로 응창(應唱)을 하는 기도회가 진행되었다.

그러는 동안 나도 그들과 같이 서서 몸을 흔들며 기도했다. 몇

유대 전통 식당에서 랍비 엘르아살과 함께 춤추며.

몇 유대인들이 힐끗힐끗 나에게 경계의 눈초리를 보내는 통에 긴장이 되기도 했다. 그러나 인도자로부터 기도회 참석 권유를 받았기에 당당하지 못할 이유가 없었다. 그들을 흉내내는 약간 우스꽝스럽기도 한 나의 겉모습과는 달리 내 입에서는 그들이 짐작할 수 없는 기도가 흘러 나왔다.

"주여, 저들의 눈을 여소서. 저들의 귀를 여소서. 십자가를 통해 나타난 아버지의 사랑을 깨닫게 하소서!"

내가 이렇게 그들 속에 파묻혀 열방과 이스라엘을 위해 새로운 기도 사역을 하게 된 것이 놀라운 하나님의 섭리로 느껴졌다.

식당 이름은 '예루살렘2'였다. 유대인의 율법을 따른 정결한 음식인 '코셔(kosher)'를 파는 식당이라 전통 유대인들이 바글바글했다. 마치 중동의 이스라엘 예루살렘에 있는 것 같은 착각을 하면서, 20여년 전부터 있었던 많은 일들이 주마등처럼 지나갔다.

1999년 어느 봄날 하나님께서는 스승 박충남 목사님에게 세계일주 티켓 네 장을 선물로 주셨다. 전도자에게 주신 하나님의 격려의 선물 덕에 나는 이스라엘 땅을 처음으로 밟게 되었다. 그때 이스라엘을 방문하여 알게 된 김 선교사님을 통하여 이스라엘을 중보하기 시작했고 그 뒤로 자연스럽게 세계선교에 대한 비전을 받게 되었는데 그 과정들이 모두 지금의 결과를 향하고 있었던 하나님의 놀라운 섭리였다.

그 식당을 알게 된 것도 우연이 아니었다. 2010년 4월 25일 주일 오후 김우현 감독의 집회가 끝나자마자 전화를 확인해보니 지명현 전도사로부터 음성메시지가 녹음되어 있었다. 뉴저지 아름다운주님의교회 창립 6주년 기념 콘서트를 하러 왔다는 내용이었다. 콘서트 장소를 알아보니 바로 김 감독이 집회하는 교회에서 4분 거리에 있었다. 우리는 그동안 나누지 못한 이야기를 하고자 다음 날 아침 지 전도사의 숙소에서 다시 만나게 되었다. 그런데 신기하게도 그 숙소가 바로 김 감독이 머무는 호텔이었다.

그날 아침 내가 지명현 전도사와 만나는 시간에 창립 콘서트를 했던 교회 구성모 목사님도 호텔로 오게 되었고, 구 목사님은 김 감독을 알아보고 대화를 나누던 중 이스라엘에 관심이 많은 김 감독에게 아는 장로님이 뉴욕 맨해튼에서 유대인 식당을 경영한다는 정보를 주었던 것이다.

주 안에서는 어떤 사소한 만남도 소홀히 할 수 없다. 작은 나의 삶 속에는 오랜 세월 동안 하나님께서 주신 크고 작은 기적들이 얽히고설켜서 하나님의 뜻이 이루어져가고 있다. 하나님께서 과거에 베풀어주신 하나하나의 기적들은 지금의 새로운 사역을 이루게 하는 징검다리 역할을 하고 있다. 이를 되짚어보는 가운데 내 삶 속에서 분명히 살아서 역사하고 계시는 성령님을 높이지 않을 수가 없다.

브루클린 유대인 사역

뉴욕에서의 유대인을 향한 새로운 사역은 2010년 2월에 한국 방문 중 〈회복〉이라는 다큐멘터리 영화를 통해 하나님께서 주신 음성의 결과다. 그 영화의 주인공 메시아닉 주(Messianic Jew, 예수님을 메시아로 영접한 유대인)인 '아미'는 과격파 전통 유대인이 꾸민 폭탄 테러의 희생자였는데 영화 끝 부분에 아미가 완전히 회복되어 농구를 하는 장면이 나온다. 그때 아미가 입고 있던 옷이 "I ♥ NY(I love New York)"이라는 글씨가 쓰어진 티셔츠였다. 이는 결코 우연이 아니었다. 그 장면에서 나는 성령의 음성을 들었다.

'이제 뉴욕으로 돌아가면 유대인을 위한 새로운 사역이 열릴 것이다.'

하나님의 음성의 성취로서, 2010년 4월에 김우현 감독 일행과 뉴욕에서 연합 기도 사역을 하고 나서 얻은 열매가 바로 맨해튼 한복판 '예루살렘2' 식당에서의 유대인을 위한 중보 사역이었다. 그리고 또 한 가지 사역이 열렸는데 바로 유대인이 100만 명가량 사는 것으로 추정되는 브루클린 지역 땅 밟기 기도 사역이었다.

맨해튼 한복판에 고린도 아파트라는 곳이 있다. 그곳은 현재 뉴욕대학교(NYU) 졸업생들을 멘토링하는 장소다. 멤버 중 한 형제의 집이 그 아파트 54층이다. 그 집에 올라가면 엠파이어스테이트빌딩(Empire State Building)을 비롯한 맨해튼의 고층 빌딩들과 금융의 중심인 다운타운이 한눈에 보인다.

맨해튼에서 기도할 장소가 있으면 좋겠다는 김 감독의 요청을 듣고 다른 장소는 전혀 생각나지 않을 정도로 하나님께서 예비하신 최적의 장소였다. 그곳에서 김 감독 일행과 뉴저지 지역의 청년 중보자들과 함께 기도하던 중 맨해튼 다운타운 너머 브루클린 지역이 눈에 들어왔다. 그때 버지니아 CG선교회 대표 목사님께서 하신 말씀이 생각났다.

"지 목사님, 브루클린에 유대인이 어마어마하게 많이 삽니다. 특히 최고의 전통 유대 랍비들이 많습니다. 유대인들이 메시아닉 주들과 논쟁할 때 예루살렘에 있는 랍비가 아닌 브루클린에 있는 랍비들이 상대를 하러 나온답니다."

그 이야기를 했더니 김 감독은 브루클린에 가서 기도하고 싶은 마음이 든다고 했다. 나는 그 지역 땅 밟기 기도를 준비하기 위해 영적 도해 전문가인 오 목사님에게 자료를 요청했다. 목사님으로부터 브루클린 지역에 있는 몇몇 메시아닉교회(Messianic Church, 크리스천 유대인 교회)와 유대인 회당 주소를 비롯해 최고의 랍비들이 모여서 회의를 하는 '전통유대인세계평의회(World Council of Orthodox Jewish Community)'의 주소를 받았다.

성경에는 유대인들을 향한 언약의 성취에 대해 구체적으로 말하고 있다. 예수께서 재림하시기 전에 그들이 고토(故土)로 돌아가게 되는 예언이 700군데 이상 선포되어 있다고 한다. 현재 이스라엘 땅에 600만 명의 유대인들이 사는데 미국 땅에도 약 600만 명 정도가 산다고 한다. 그중에서 약 250만 명의 유대인이 뉴욕, 뉴저지 지역에 있고 브루클린에만 약 100만 명이 산다고 한다. 그래서 브루클린은 영적으로 중요한 지역이다.

김 감독의 일행과 그곳에 가서 잠행 기도를 한 후로 하나님께서 많은 중보자들을 계속해서 그곳으로 보내고 계신다. 8월에는 이스라엘, 올버니(뉴욕주 수도), 보스턴(교육의 중심), 워싱턴(정치의 중심)에서 온 한국인들이 함께 찬양하고 중보하며 그 땅을 밟았다. 특히 모든 중보자들이 나의 선창에 맞추어 이스라엘 노래를 부르며 행진을 했다. 그때 이스라엘에서 오신 선교사님은 유대인 복장을 하셨는데 머리에는 '키파(kippah)'를 쓰고 기도할 때 입는 '탈렛(tallith)'을 입고 그의 아들이 '쇼파르(shofar, 양각 나팔)'를 불었다.

그로부터 몇 주 후에 또 한 팀이 브루클린 땅 밟기 기도를 했는데 우리의 찬양과 기도의 모습을 물끄러미 바라보던 두 유대 여인으로부터 놀라운 이야기를 들었다. 몇 주 전에 유대 복장을 하고 유대 노래를 부르며 쇼파르를 불고 동네를 돌았던 모습이 브루클린에 사는 유대인들에게 입소문으로 퍼졌고, 그 모습에 대부분의 유대인들이 상당히 호의적인 관심을 보였다는 말이었다. 그 유대 여인들의 말을 듣는 순간 나는 '하나님께서 뭔가 일을 하고 계시는구나'라는 확신이 들었다.

나는 지금도 브루클린을 밟을 때마다 유대인들이 토라와 선지서와 그들의 절기 속에 녹아 있는 예수 그리스도에 대한 계시와 하나님의 언약을 깨닫고 고토로 돌아가기를 기도하고 있다.

다양한 사역의 확장

2001년에 이스라엘을 향한 미국 동부 지역의 부흥이라는 주제로 미국과 세계선교의 비전을 주실 때 주셨던 말씀은 역대하 20장이다.

여호사밧이 서서 이르되 유다와 예루살렘 주민들아 내 말을 들을지어다 너희는 너희 하나님 여호와를 신뢰하라 그리하면 견고히 서리라 그의 선지자들을 신뢰하라 그리하면 형통하리라 하고 백성과 더불어 의논하고 노래하는 자들을 택하여 거룩한 예복을 입히고 군대 앞에서 행진하며 여호와를 찬송하여 이르기를 여호와께 감사하세 그의 인자하심이 영원하도다 하게 하였더니 그 노래와 찬송이 시작될 때에 여호와께서 복병을 두어 유다를 치러 온 암몬 자손과 모압과 세일 산 주민들을 치게 하시므로 그들이 패하였으니 대하 20:20-22

이 말씀을 보면 적진을 향해 노래하는 군대가 칼과 창을 가진 군대보다 앞서 나간 모습이 묘사되어 있다. 이 비전의 말씀에 대하여 어떤 이는 나의 사역을 'Front Line Ministry(전쟁에서 맨 앞에 서는 사역)'라고 표현한 적이 있다. 그 표현대로 사역이 이루어지는 모습을 바라보며 하나님의 놀라운 경륜을 찬양하지 않을 수 없다.

최근 역대하 20장을 다시 보게 되었을 때 아주 놀라운 부분을 새롭게 깨달았다. 유다 군대가 승리한 후 취한 전리품의 목록이었다.

여호사밧과 그의 백성이 가서 적군의 물건을 탈취할새 본즉 그 가운데에 재물과 의복과 보물이 많이 있으므로 각기 탈취하는 데 그 물건이 너무 많아 능히 가져갈 수 없을 만큼 많으므로 사흘 동안에 거두어들이고 대하 20:25

그것은 재물과 보물과 의복이었다. 재물과 보물과 의복은 첫 번째로 재산 즉, 돈을 상징한다. 그리고 두 번째로 보물과 의복에는 디자인이 되어 있어서 예술을 상징한다. 그런데 맨해튼에서 현재 사역하고 있는 지역이 정확하게 그 전리품들의 의미들과 일치하는 것이었다.

재물 - 월스트리트

보물과 의복 - 브로드웨이와 타임스스퀘어

    역대하 20장과 맨해튼을 내 의지와 의도를 가지고 연결시킨 것
이 아니다. 단순히 잃어버린 영혼을 따라 한 걸음 한 걸음 옮긴 것
뿐인데, 하나님께서는 2001년에 주신 비전의 말씀을 이루는 현장
으로 자연스럽게 나를 이끄신 것이다.

    돈의 중심인 월스트리트, 예술, 패션, 디자인, 미디어, 엔터테인
먼트의 중심인 브로드웨이와 타임스스퀘어에서 찬양하며 복음을
전하며, 돈과 문화 특히 예술의 영역 가운데 역사하는 악한 영들
과 전쟁하면서 그 영역에 성령충만한 여호사밧의 군대가 세워지
기를 간절히 간구하고 있다.

    뉴욕 맨해튼의 전도와 중보 사역이 처음에는 아주 단순한 모습
이었지만 시간이 갈수록 다양한 사역의 모양을 갖추게 되었다. 전
적인 성령님의 인도하심이다. 내가 한 것은 하나도 없다.

    사역은 주로 매주 화, 수, 목요일에 이루어진다. 처음에는 집 근
처 F 트레인 종점에서 지하철을 타고 맨해튼으로 나갔다. 하지만
브루클린 땅 밟기 기도가 시작된 후로는 우선 브루클린으로 차를
몰고 간다. 전통유대인세계평의회 근처에 차를 세우고 쇼파르를
불며 유대인을 축복하는 땅 밟기 기도를 하고 맨해튼으로 향한다.

월스트리트에 도착해서 뉴욕증권거래소를 일곱 바퀴 돌며 중보 영적전쟁을 하고 나서 전도하고, 브로드웨이를 따라 1시간 40분 정도 걸으며 땅 밟기 기도와 전도를 하고, 타임스스퀘어 42번가 7 애비뉴에서 전도하고 중보기도를 한다.

수요일엔 유엔(UN, 국제연합) 한국 대표부에서 일하는 분들이 주축을 이루는 뉴욕 신우회 모임에서 예배를 드리고 있다.

목요일에는 예루살렘2 식당에서 열리는 유대인 기도회에 참석하여 열방과 이스라엘을 주님의 손에 올려드리는 기도 사역을 한다. 목요일 저녁에는 킹덤 빌더인 뉴욕대학교 졸업생들과 십자가 복음을 나누고 있다. 대가가 있는 사역들은 아니지만 하나님의 나라와 의를 먼저 구하고 있기에 삶의 모든 필요는 아버지께서 직접 채워주시는 놀라운 기적의 삶을 살고 있다.

바람이 임의로 불매 네가 그 소리는 들어도 어디서 와서 어디로 가는지 알지 못하나니 성령으로 난 사람도 다 그러하니라
요 3:8

성령으로 난 사람들은 세상 사람들이 판단할 수도 종잡을 수도 없다. 세상에 있으나 세상에 속하지 않은 사람들이다. 세상 속에 들어가 세상을 흔들어놓아 세상으로 하여금 하나님을 바라보게

할 사람들이다. 음부의 권세가 이기지 못하는 유기체적 교회다. 유기체로서의 교회가 세상으로 잠입해 들어가 세상을 하나님의 나라로 바꾸어놓을 것이다.

여호사밧의 유기체적인 군대가 맨해튼에서 번식을 시작했다. 이제 세상을 그리스도의 사랑과 섬김으로 점령하는 것은 시간 문제다.

요즈음 다른 주(州)와 한국으로부터 뉴욕 맨해튼 월스트리트를 찾는 발길이 많아지고 있다. 그들은 중보자들이고 전도자들이며 선교사들이다. 한결같이 열방과 이스라엘을 품은 전사(戰士)들이다. 그리스도 안에서 영적 네트워킹이 더욱 아름답게 확장되고 있다. 우리가 하는 게 아니다. 성령님이 하시는 일이다.

사람들로부터 자주 듣는 질문이 있다.

"맨해튼에 매일 전도하러 나오세요?"

그럼 나는 대답한다.

"화, 수, 목에 나와요."

이 글을 쓰며 처음으로 화(火), 수(水), 목(木)의 한자를 의미 있게 쳐다보았다.

'불과 물과 나무….'

갑자기 말씀이 떠오르며 기도가 나온다.

나는 너희로 회개하게 하기 위하여 물로 세례를 베풀거니와 내 뒤에 오시는 이는 나보다 능력이 많으시니 나는 그의 신을 들기도 감당하지 못하겠노라 그는 성령과 불(火)로 너희에게 세례를 베푸실 것이요 손에 키를 들고 자기의 타작 마당을 정하게 하사 알곡은 모아 곳간에 들이고 쭉정이는 꺼지지 않는 불에 태우시리라 마 3:11,12

누구든지 목마르거든 내게로 와서 마시라 나를 믿는 자는 성경에 이름과 같이 그 배에서 생수(水)의 강이 흘러나오리라 하시니 이는 그를 믿는 자들이 받을 성령을 가리켜 말씀하신 것이라
요 7:37-39

귀 있는 자는 성령이 교회들에게 하시는 말씀을 들을지어다 이기는 그에게는 내가 하나님의 낙원에 있는 생명나무(木)의 열매를 주어 먹게 하리라 계 2:7

'성령님, 이 지구촌 온 열방과 이스라엘을 당신께 올려드립니다. 온 민족과 이스라엘이 함께 모여 있는 뉴욕 맨해튼도 당신의 능력의 손 위에 올려드립니다. 소멸하시는 불(火)로 임하시사 모든 더럽고 거짓되고 가증하고 악한 것들을 태우소서. 생수(水)의 강으

로 넘치시사 덮으시옵소서. 그들로 하여금 예수님을 그리스도로 믿어 낙원에 있는 생명나무(木)의 과실을 먹게 하소서. 저들이 종말 직전 대추수를 위하여 그들의 나라로 돌아가게 하소서. 그들의 언어로 자기 민족에게 십자가를 전하여 주의 은혜의 때를 선포케 하소서. 이 도시 가운데 그러한 거룩한 부흥을 일으키소서!'

꿈으로 받은 말씀

2010년 9월 어느 날이었다. 평소 누우면 바로 잠이 드는 나로서는 그날의 체험은 아주 특별한 것이었다. 밤새 깊은 잠에 들지 못하고 뒤척였다. 그날은 공교롭게도 나의 생일이었다. 자정이 조금 넘어서 정확하게 생일이 되자마자 꿈을 통해 주께서 말씀을 주셨다. 나를 이 땅에 보내신 뜻을 더욱 밝히 보여주시려고 그러신 것 같다.

주께서 꿈속에서 주신 말씀은 '로마서 11장, 맨해튼, 브루클린, 단위 면적당'이었다. 네 단어를 밤새도록 반복하셔서 나는 대꾸했다.

'주님, 저는 이미 그 내용을 알고 있지 않습니까? 알뿐 아니라 그것을 위해 그 땅을 밟으며 찬양과 기도와 전도로 중보하고 있지 않습니까? 그런데 새삼스레 다시 강조하시는 이유가 무엇입니까?'

여쭙고 또 여쭈었으나 주님은 계속 그 말들만 되풀이하셨다. 그렇게 주님과 밤새도록 옥신각신하는 동안 내 영은 주님의 생각을 서서히 알게 되었다. 잠에서 깨기 전에 주님은 결국 다음과 같이 말씀하셨다.

"내가 재림할 시기가 무척 가까이 왔다. 나의 재림 직전에 일어날 가장 중요한 언약의 성취 중 두 사건이 맨해튼과 브루클린에 있을 것이다. 그것을 위해 중보하라."

주님께서 그렇게 정리해주시자 나는 주님께서 왜 '단위 면적당' 이라는 단어를 덧붙이셨는지를 알게 되었다. 단위 면적당 전 세계 나라와 민족이 가장 많이 모여 있는 곳이 맨해튼이며, 이스라엘을 제외한 온 세계 열방 가운데 단위 면적당 가장 많은 유대인이 모인 곳이 맨해튼과 브루클린이다. 더욱이 브루클린은 많은 유대인들이 살 뿐 아니라 최고의 전통 유대인 랍비들이 모여 있는 곳이기도 하다. 그 내용이 마음속에 정리가 되자 이미 알고 있었던 로마서 11장이 다시 새롭게 다가오기 시작했다.

그러므로 내가 말하노니 하나님이 자기 백성을 버리셨느냐 그럴 수 없느니라 (1절)

그들이(유대인) 넘어짐으로 구원이 이방인에게 이르러 이스라

이스라엘의 회복과 열방의 부흥이라는 비전을 가지고 브로드웨이를 걸으며.

엘로 시기나게 함이니라 그들의 넘어짐이 세상의 풍성함이 되며 그들의 실패가 이방인의 풍성함이 되거든 하물며 그들의 충만함이리요 (11,12절)

그들을(유대인) 버리는 것이 세상의 화목이 되거든 그 받아들이는 것이 죽은 자 가운데서 살아나는 것이 아니면 무엇이리요 (15절)

이 신비는 이방인의 충만한 수가 들어오기까지 이스라엘의 더러는 우둔하게 된 것이라 그리하여 온 이스라엘이 구원을 받으리라 기록된 바 구원자가 시온에서 오사 야곱에게서 경건하지 않은 것을 돌이키시겠고 (25,26절)

나는 10년 넘게 장자된 이스라엘의 회복을 위해 미국 동부와 열방의 부흥이라는 비전을 가지고 기도해왔다. 특히 5년 전부터는 맨해튼이라는 대도시에 성령님께서 생수의 강으로 흘러넘치시기를 기도해오고 있다. 세계적인 도시 맨해튼에 모여 있는 사람들이 성령님을 체험하여 주님의 재림이 임박했음을 깨닫고 그들의 민족과 나라로 돌아가 복음을 전하게 되는 것이다.

그렇다면 맨해튼은 로마서 11장 25절의 "이방인의 충만한 수가 들어오기까지"라는 말씀이 성취되기에 가장 효과적인 도시일 것이다. 물론 나는 로마서 11장 25절의 성취를 위해서 맨해튼을 비롯한 다른 세계적인 대도시에도 같은 역사가 일어나기를 기도한다. 맨해튼이 이방인의 충만한 수가 들어오게 되는 언약의 성취와 깊은 관련이 있는 지역이라면 브루클린은 이방인의 충만한 수가 들어오고 난 다음에 일어날 이스라엘의 구원과 관련이 있다. 왜냐하면 하나님께서는 장자된 자들을 회복시키실 때 그들을 이방 땅에서 살도록 하지 않을 것이라고 반복적으로 약속하셨기 때문이다. 대표적인 말씀 몇 구절을 소개한다.

여호와의 말씀이니라 그러나 보라 날이 이르리니 다시는 이스라엘 자손을 애굽 땅에서 인도하여 내신 여호와께서 살아계심을 두고 맹세하지 아니하고 이스라엘 자손을 북방 땅과 그 쫓겨났던 모든 나라에서 인도하여 내신 여호와께서 살아계심을 두고 맹세하리라 내가 그들을 그들의 조상들에게 준 그들의 땅으로 인도하여 들이리라 렘 16:14,15

야곱아 내가 반드시 너희 무리를 다 모으며 내가 반드시 이스라엘의 남은 자를 모으고 그들을 한 처소에 두기를 보스라의 양 떼같이 하며 초장의 양 떼같이 하리니 미 2:12

전에는 내가 그들이 사로잡혀 여러 나라에 이르게 하였거니와 후에는 내가 그들을 모아 고국 땅으로 돌아오게 하고 그 한 사람도 이방에 남기지 아니하리니 그들이 내가 여호와 자기들의 하나님인 줄을 알리라 내가 다시는 내 얼굴을 그들에게 가리지 아니하리니 이는 내가 내 영을 이스라엘 족속에게 쏟았음이라 주 여호와의 말씀이니라 겔 39:28,29

나는 오늘도 맨해튼과 브루클린을 향한 아버지의 뜻이 이루어지기를 기도한다. 맨해튼에 성령님께서 생수의 강으로 넘치셔서 이방인의 충만한 수가 아버지 품으로 들어오기를 그리고 브루클린의 유대인들이 그들이 목숨처럼 여기는 토라와 선지서들 속에 숨겨진 아버지의 사랑을 성령님의 계시로 깨달아 임박한 심판을 피하여 스스로 약속의 땅으로 돌아가기를 위해서….

바알에게 무릎 꿇지 않은 7천의 남은 자가 엘리야와 함께 싸웠듯이 전 세계에서 주님의 마음을 품고 세계 열방과 이스라엘을 위해 기도하는 중보자들에게 간곡히 부탁한다. 세계 열방과 이스라엘의 배후에서 그들을 묶고 있는 정사와 권세와 어두움의 주관자들과 하늘에 있는 악한 영들을 대적하여 기도로 함께 싸우자고 말이다. 실로 기도는 우리의 능력이다.

"**전도하고 싶어요,
도와주세요!**"

전도는
방학 숙제가 아니다

    방학! 듣기만 해도 미소가 지어지는 단어다. 그런데 방학을 맞이하면서 '그것만 없으면 훨씬 좋을 텐데…'라고 생각했던 게 있다. 바로 방학 숙제이다. 대부분의 아이들은 일단 방학을 하고 나면 산더미 같은 방학 숙제는 뒤로 하고 신나게 놀기 시작한다.

    하루, 이틀, 한 주, 두 주…. 어느덧 개학이 다가오지만 놀던 습관은 좀처럼 방학 숙제를 하는 모드로 바뀌지 않는다. 그러다 결국 개학이 며칠 남지 않아서야 서둘러 숙제를 시작한다. 밀린 일기를 한꺼번에 쓰던 일이 가장 괴로우면서도 재미있는(?) 기억으로 남아 있다. 계획을 세워 틈틈이 매일 해야 할 숙제와 일기 쓰기를 잘했던 아이들은 놀면서도 항상 평안을 누렸으나 방학 숙제에 전혀 손을 대지 않고 놀았던 아이들은 날이 갈수록 불안이 가중되었다.

    전도는 마치 방학 숙제와 같다. 개학날 즉, 우리 주님께서 다시 오실 날이 가까이 오고 있다. 아직 전도를 하고 있지 않은 사람은 마치 방학 숙제를 전혀 손대지 못한 아이처럼 찝찝하고 불안한 마음이 있을 것이다. 전도자의 삶을 살지 못하면서도 전도에 대한 거룩한 부담이 없다면 과연 자신이 구원의 확신이 있는 사람인지 심각하게 점검을 해보아야 한다.

만약 전도에 대한 부담이 있다면 구원의 확신은 있는 사람일 것이다. 언제까지 그 부담만 간직하고 전도하지 않다가 주님을 맞이할 것인가? 언제까지 방학 숙제를 끝내지 못한 채(전도자의 삶을 살지 못한 채) 개학(주님의 재림)을 맞이할 것인가?

과연 당신은 신부인가? 그분의 친구인가? 신부이고 친구라면 그분의 마음을 헤아려야 할 것이다. 우리 신랑되신 주님은 이 땅에 전도하러 오신 분이다. 우리 안에 계신 성령님은 예수께서 표현하신대로 증거의 영(靈)이시다. 성령충만한 제자들은 전도하기를 쉬지 않았다. 바울은 때를 얻든지 못 얻든지 항상 복음 전파에 힘쓰라고 했다. 우리 안에 계신 성령께 구하자.

"성령님, 전도하고 싶어요. 도와주세요!"

주의 뜻대로 구하는 기도는 반드시 응답된다. 전도하고 싶다는 기도는 성령님이 참으로 기뻐하신다. 그렇게 기도한다면 반드시 성령께서 전도자로서 삶을 살게 하실 것이다.

나는 십자가의 도(道)가 깨달아지기 시작한 날부터 전도하고 싶어서 견딜 수 없었다. 그런데 훈련되어 있지 않아서 두려웠다. 그래서 성령께 기도했다.

"전도하고 싶어요. 전도하게 해주세요."

그 기도에 성령께서 신실하게 응답하셨다. 그리고 처음부터 전도를 잘할 수 있는 사람이 아니라는 것을 아시고 나를 교회 앞마당에 두셨다. 우리 교회 앞마당을 지나가는 행인들에게 전도지를 주는 일은 그리 어렵지 않았다. 자기 교회 앞마당 전도는 누구나 할 수 있다. 그리 많은 시간도 아니었다. 매주 월요일마다 한 시간씩 포기하지 않고 지속했다. 그렇게 날을 거듭할수록 훈련되어가는 나 자신을 발견할 수 있었다. 그러다가 성령께서 주시는 마음으로 복음적인 성경 구절을 암송하여 선포하기 시작했고, 놀라운 역사들을 체험하기 시작하면서 전도가 재미있어졌다.

그러던 어느 날 성령께서 영어를 준비하라는 마음을 주셨고 복음에 관계된 성경 구절을 영어로 암송하기 시작했다. 그러다가 주님의 인도하심을 따라 전 세계 경제와 문화와 예술의 중심 뉴욕 맨해튼 월스트리트과 타임스스퀘어 및 브로드웨이에 오게 되었고, 전도와 찬양과 중보기도로 맘몬의 영과 영적 전투를 하며, 문화, 예술, 미디어 영역에 성령충만한 청년들을 여호사밧의 군대로 세우는 일들을 하고 있다. 내 교회 앞마당 전도가 세계의 앞마당인 뉴욕 맨해튼에서의 다양한 사역으로 이어지게 될 줄은 몰랐다. 작은 일에 충성한 결과다.

Lesson 02_
전도하지 않는 이유

1. 전도에 대한 두려움

교회에서 자주 듣는 말 중에 하나가 "어서 사람들을 전도해오세요"라는 것이다. 교회에 사람을 데려오는 것이 어디 쉬운 일인가? 그래서 성도들이 전도를 두려워하고 어렵게 생각한다.

전도에 해당하는 헬라어는 '케륏소'인데 'proclaim(선포하다)', 'preach(전파하다)'라는 뜻이다. 전도는 '도(道)를 전(傳)하는 것'이다. 하나님의 나라를 선포하는 것이 전도다. 영혼들을 교회에 데려다 앉히는 것과 복음 전파 현장에서 예수님을 영접시키는 것이 전도의 성공이 아니다. 복음을 들려주면 일단 전도는 성공한 것이다. 그래서 전도에는 실패가 없다. 뿌리는 것이 전도이기 때문이다. 열매는 아버지께서 직접 책임지신다. 성경은 다음과 같이 말한다.

뿌리는 자와 거두는 자가 함께 즐거워하게 하려 함이라 요 4:36

"예수님은 하나님이십니다. 구세주이십니다. 당신을 사랑하십니다. 회개하고 주님 품으로 오십시오."

이렇게 선포했으면 전도는 성공한 셈이다. 놀라운 사실은 예수님의 이름을 선포하기만 하는데도 구원의 역사가 전도 현장에서 일어난다는 것이다. '익은 고구마(복음을 받아들일 수 있는 상태)'가 되었을 때 하나님께서 택함받을 자를 전도자 앞으로 보내시고 구원의 역사가 나타나는 것이다.

2. 전도의 아픈 기억

전도하러 나가면 세상 사람들로부터 핍박을 받는다. 친절하게 전도지를 전해주어도 무시하고 지나가는 사람들의 냉소를 체험하다보면 힘이 빠진다. 이를 경험한 성도들이 전도의 효율성을 따지면서 부정적인 견해를 갖게 된다. 그런데 주님께서는 복음을 전하다가 핍박받고 거절당할 일을 겪을 우리들에게 위로와 격려와 축복의 말씀을 이미 주셨다.

의를 위하여 박해를 받은 자는 복이 있나니 천국이 그들의 것임이라 나로 말미암아 너희를 욕하고 박해하고 거짓으로 너희를 거슬러 모든 악한 말을 할 때에는 너희에게 복이 있나니 기뻐하고 즐거워하라 하늘에서 너희의 상이 큼이라 너희 전에 있

던 선지자들도 이같이 박해하였느니라 마 5:10-12

이 말씀을 믿는다면 아픈 기억 때문에 의기소침하게 앉아 있을 수 없다. 말씀은 능력이다. 나의 아픈 기억도 돌파하게 하는 능력의 말씀인 것이다. 우리의 전도 행위에 사람들이 무반응일 때에도 적용할 수 있는 말씀을 주님께서는 이미 친절하게 주셨다.

예수께서 이 열둘을 내보내시며 명하여 이르시되 … 가면서 전파하여 말하되 천국이 가까이 왔다 하고 … 또 그 집에 들어가면서 평안하기를 빌라 그 집이 이에 합당하면 너희 빈 평안이 거기 임할 것이요 만일 합당하지 아니하면 그 평안이 너희에게 돌아올 것이니라 마 10:5-13

예수님의 이름은 평강의 이름이다. 우리가 예수님을 전하면 평안을 전하는 것이고 참된 복을 전하는 것이다. 사람들이 우리의 전도에 반응을 보이지 않고 무시할 때 실망할 필요가 없다. 그때는 우리가 전한 복이 우리에게 도로 반사되어 돌아오는 순간이기 때문이다.

위의 두 경우를 비추어볼 때 전도의 현장에서 우리는 주님의 말씀을 실상으로 받아들이는 믿음이 자신에게 있는지를 점검해볼 수 있다. 진정한 제자훈련은 삶의 현장에서의 전도훈련으로 이루어진다. 예수님께서 제자들을 가르치실 때 능력과 권세를 주시면서 전도하러 보내셨다는 것을 생각하라.

전도하는 사람에게 하나님이 부으시는 축복이 있다. 세상 사람들에게 하나님의 나라를 선포하다보면 성령께서 어느 때보다 기름을 많이 부으신다. 왜냐하면 성령이 '증거의 영'이시며 그분이 이 땅에 전도하러 오신 '예수님의 영'이시기 때문이다. 그 기름부으심으로 인하여 전도자는 날마다 생명력이 넘치는 삶을 살게 된다. 사실 전도는 남을 살리기도 하지만 전도자 자신이 살아나는 놀라운 축복의 사역이다.

3. 전도는 특별한 은사가 있어야 한다?

전도를 잘하는 사람들에게 종종 다음과 같은 표현을 쓴다.

"전도에 은사가 있으시군요."

이 말은 잘못되었다. 전도는 은사가 아니다. 모든 그리스도인의 첫 번째 의무요 권리다. 내가 지옥불에서 건짐받은 확신이 있다면 오늘 나를 스쳐 지나가는 사람들 중에 혹시 예수님을 모르고 지옥불을 향하여 달려가는 영혼이 있는지 살피게 되고, 그들에 대한 아버지의 긍휼함이 생기게 된다. 아가페 사랑을 체험했다면 반드시 다른 사람에게 그 사랑을 전하고 싶기 마련이다. 그리스도인

인데 전도의 부담이 없다면 과연 구원받은 하나님의 자녀인지 심
각하게 자신의 믿음을 점검해보아야 한다.

그가 어떤 사람은 사도로, 어떤 사람은 선지자로, 어떤 사람은
복음 전하는 자로, 어떤 사람은 목사와 교사로 삼으셨으니 엡 4:11

에베소서 4장 11절의 "복음 전하는 자"라는 표현을 가지고 전
도가 특별한 은사자에게만 해당되는 것으로 해석하여 "하나님께
서 모든 사람을 복음 전파자로 부르신 것은 아닙니다"라고 말하는
사람들이 있다.

군대에서 모든 군인은 보병, 포병, 공병, 정보, 통신, 기갑 등 병
과(兵科)가 주어지고 또 세부적인 주특기를 부여받는다. 여기서 중
요한 사실은 병과나 주특기가 달라도 모든 군인들은 단 한 명도
예외 없이 개인화기(個人火器, 군인마다 제각기 간수하여야 하는 총포)
를 지급받는다는 것이다. 모든 군인들이 기본적으로 소유하고 있
는 것이 개인화기라는 의미를 영적으로 적용해볼 수 있다.

우린 모두 영적인 군사로 부름받은 자들이다. 영적 군사들이 저
마다 다른 은사를 소유하고 있다. 그러나 모든 군사들이 공통적으
로 소유하고 있는 영적 개인화기가 있다. 그 개인화기가 바로 복
음 전파이다. 즉, 모든 믿는 자들이 각자의 주특기를 살려 은사를

발휘하되 기본적으로 예수님을 모르는 자들에게 복음의 씨를 뿌리는 증인된 삶을 살아야 한다는 것이다. 그중에서 특별히 다른 사람들보다 더 강력한 복음 전파 기능을 부여받은 자가 바로 에베소서 4장 11절의 '복음 전파자'인데, 그는 보통 군인들과 달리 개인화기를 기관총이나 박격포 같은 중무기로 지급받은 자에 해당하는 것이다.

우리의 싸움은 영적전쟁이다. 그러므로 교회는 하나님의 전신갑주를 입은 영적 군대이다. 군사로 부름받은 모든 성도의 기본 의무가 전도다. 다음 성경 구절들을 한번 상기해보자. 모든 성도의 의무요 특권이 복음을 전하는 것임을 쉽게 알 수 있을 것이다.

이르시되 우리가 다른 가까운 마을들로 가자 거기서도 전도하리니 내가 이를 위하여 왔노라 하시고 막 1:38

내가 진실로 진실로 너희에게 이르노니 나를 믿는 자는 내가 하는 일을 그도 할 것이요 또한 그보다 큰 일도 하리니 이는 내가 아버지께로 감이라 요 14:12

내가 아버지께로부터 너희에게 보낼 보혜사 곧 아버지께로부터 나오시는 진리의 성령이 오실 때에 그가 나를 증언하실 것이요

너희도 처음부터 나와 함께 있었으므로 증언하느니라 요 15:26,27

그러나 너희는 택하신 족속이요 왕 같은 제사장들이요 거룩한 나라요 그의 소유가 된 백성이니 이는 너희를 어두운 데서 불러 내어 그의 기이한 빛에 들어가게 하신 이의 아름다운 덕을 선포하게 하려 하심이라 벧전 2:9

너는 말씀을 전파하라 때를 얻든지 못 얻든지 항상 힘쓰라 범사에 오래 참음과 가르침으로 경책하며 경계하며 권하라 딤후 4:2

인자가 온 것은 잃어버린 자를 찾아 구원하려 함이니라 눅 19:10

어떤 사람은 삶으로 보여주지 않는 전도는 힘이 없기 때문에 복음은 말보다는 삶으로 묵묵히 전해야 한다고 주장한다. 맞는 말이다. 우리는 말뿐이 아니라 삶으로도 그리스도를 나타내야 한다. 그러나 전파하는 자가 없으면 세상이 어찌 그리스도를 듣겠는가? 결국 우리는 십자가 복음을 전파해야 한다.

전파하는 자가 없이 어찌 들으리요 롬 10:14

4. 선교에 가려진 전도

전도의 기본은 가까운 마을에서부터이다. 예수님은 가까운 곳에서부터 다음 가까운 곳으로 나가시면서 전도하셨다.

이르시되 우리가 다른 가까운 마을들로 가자 거기서도 전도하리니 막 1:38

'타 문화권에서 전도하는 것'이 선교이다. 내 마을, 내 도시, 내 나라에서 전도하는 것에는 관심이 없으면서 타 문화권 선교만 지향한다면 그것은 균형을 잃은 것이다. 선교의 훈련은 내 마을에서부터 전도로 시작되어야 한다.

오직 성령이 너희에게 임하시면 너희가 권능을 받고 예루살렘과 온 유대와 사마리아와 땅 끝까지 이르러 내 증인이 되리라 행 1:8

사도행전 1장 8절에서 말하듯 성령이 임하시면 우리가 증인된 삶을 살게 되는데, 땅 끝만이 아니라 내 삶의 터전인 예루살렘과 유대와 사마리아 지역에서도 증인이 될 것이라고 말씀하셨다.

많은 청년들이 해외로 단기선교를 떠난다. 그들은 선교지에서 하나님께서 한 영혼을 얼마나 사랑하시는가를 체험하고 귀국한다. 그러나 국내로 돌아와서 우리 마을, 내가 사는 도시에서 내 옆에 있는 한 영혼에 대한 아버지의 긍휼한 마음이 없다면 그 청년의 해외선교는 단지 해외여행이나 극기훈련은 아니었는지 점검해보아야 한다. 주님께서 가까운 마을에서부터 전도하셨던 것을 기억하자.

Lesson **03**
전도,
어떻게 할 것인가

1. 지도자들의 솔선수범이 필요하다

영적 지도자들과 성도들이 '예배'라는 단어 앞에서는 열정이 끓어오르고 사모하는 마음을 표현한다. 그러나 '전도'라는 단어 앞에서는 작아진다. 내가 여러 공동체에 가서 전도에 대해 도전을 할 때 공통적인 반응이 있다. 특히 주의 종들과 신앙의 연조(年條)가 깊은 사람들이 비슷한 반응을 보인다.

"저도 옛날에 신학교 다닐 때 전도훈련 많이 받았죠. 전철 타고 다니면서도 하고 길에서도 전도했어요."

왕년에 자신도 전도했다는 것이다. 나는 그런 말을 들을 때마다 다시 되묻고 싶다.

'그런데 지금은요?'

많은 지도자들이 세상 앞에서 담대하지 못하고, 전도라는 단어 앞에서 약한 모습을 보인다. 수많은 교회의 지도자들이 예배당 안에서는 담대히 복음을 선포하고 탁월한 강의를 하지만 세상 사람들 앞에서는 벙어리가 된다. 도리어 세상 앞에서 힘껏 외쳐야 할 복음이 아닌가?

무엇이 그들로 하여금 전도의 열정을 식게 했는가? 성도들에게 복음을 전파하라고 말하기 전에 지도자들이 먼저 전도자의 삶을 살아간다면 성도들은 자연스레 본받게 될 것이다. 내가 하지 않는 것을 남에게 하라고 할 때 그 말에는 힘이 없다. 지도자들이 겸손하게 전도하는 모습을 보여준다면 그 지도자의 말에는 능력이 7배나 더해지리라 확신한다.

2. 이벤트에 그치지 말고 생활 전도로 나아가자

지역교회 및 선교단체 등에서 전도를 많이 하는 게 사실이다. 그러나 한 달에 한 번, 혹은 일주일에 한 번 하는 이벤트로 끝나는 모습을 자주 본다. 이벤트적인 전도는 생활 속에서 전도자로서 살아가게 할 목적을 지향해야 한다.

너는 말씀을 전파하라 때를 얻든지 못 얻든지 항상 힘쓰라

딤후 4:2

항상 말씀을 전파하라는 사도 바울의 권면 속에 두 때에 대한 표현이 있다. "때를 얻든지 못 얻든지." 이 부분에 해당하는 원어는 '유카이로스'와 '아카이로스'이다. 유카이로스는 '적시에, 알

맞은 기회가 올 때에'라는 뜻이고, 아카이로스는 '제철이 아닌, 시기에 맞지 않게'라는 뜻이다. 그 두 단어는 '그리고(and)'라는 단어로 연결되어 있다. 즉, '적절한 때 그리고 적절치 않을 때'라는 말은 '시도 때도 없이 항상'이라는 의미가 내포되어 있다. 왜냐하면 오늘 나를 스쳐 지나가는 사람이 5~10분 뒤에 유명을 달리할 가능성이 충분히 있기 때문이다. 우리는 그러한 경각심을 가져야 한다. 단 1, 2분 사이로 천국행과 지옥행이 결정될 수 있다. 삼풍백화점, 성수대교, 대구 지하철 참사 그리고 911 테러 사건을 떠올려 보자. 몇 분 또는 몇 초 뒤에 나와 내 주변에 그러한 일이 닥치지 않는다고 아무도 장담할 수 없다.

공동체가 알맞은 때를 정해서 기도로 행사를 계획해서 전도하는 것은 매우 중요하다. 그러나 거기에 머물지 말고 일상생활에서 전도자로서 살아가도록 방향을 잡아주어야 한다. 이 말에 많은 사람들이 큰 부담을 가질 것을 안다.

'전도 자체가 쉽지 않은데 어떻게 일상생활 속에서 전도자로 계속 살아갈 수 있단 말인가?'

이러한 생각을 가진 사람들에게 한 마디 조언을 하고 싶다.

"할 수 있는 가장 작은 것부터 하라."

우리는 일상 속에서 필연적으로 사람들을 접촉하게 된다. 세상 사람들을 자연스럽게 접촉하는 작은 순간들을 전도의 기회로 삼는 것이다. 예를 들면 주머니에 항상 전도지 한 장을 가지고 다니면서 하루 한 명 전도를 계획하는 것이다. 물건을 사고 돈을 주고받을 때 계산하는 사람에게 전도지를 주면서 "예수 믿으세요"라고 하며 나올 수도 있고, 톨게이트를 지날 때 영수증만 받고 지나가는 것이 아니라 전도지를 쓱 내밀고 "하나님이 사랑하십니다" 하는 것이다.

소극적이고 내성적인 사람들은 그래도 염려를 할 것이다. 그러나 걱정할 것 없다. 우선 무심코 전도지만이라도 전해주면 된다. 내가 전해주는 전도지 안에는 복음이 선포되어 있기 때문이다. 즉, 복음을 내 입술로 선포하는 것만이 전도가 아니라는 것이다.

작아 보이지만 내가 할 수 있는 만큼을 포기하지 않고 꾸준히 하면 어느덧 강한 그리스도인이 되어 있는 자신을 발견할 것이다. 그것이 바로 다윗의 물맷돌의 영성이다.

다윗의 물매는 평상시 양을 돌보던 도구였다. 그는 성실히 매일 물매를 던졌다. 그때마다 그는 주위 사람들로부터 업신여김을 받았을지도 모른다.

"야, 넌 왜 그런 별 볼 일 없는 것을 가지고 매일 놀고 있니?"

그러나 다윗은 이것이 자기가 할 수 있는 최소한의 것이라고 여기고 물매 연습을 게을리하지 않았다. 어느 날부터는 백발백중 물맷돌 실력이 되면서 사자나 곰으로부터 양을 지켜낼 수 있었고,

드디어 그 물맷돌은 나라를 구하는 데 쓰이게 된다. 상상할 수 없는 엄청난 일이 평범한 삶 속에서부터 준비되었던 것이다. 다윗은 처음부터 나라를 구하려고 물매 연습을 한 것이 아니다. 그저 양을 돌보기 위해서 했을 뿐이다.

19세기 바이올린의 거장 사라사테(Pablo de Sarasate)를 향해 많은 이들이 '천재 바이올리니스트'라고 칭찬했다. 그러나 그는 혼잣말로 다음과 같이 말했다고 한다.

"27년간 단 하루도 빼놓지 않고 매일같이 열네 시간씩 연습을 했는데, 내가 천재라고?"

3. 결과에 개의치 말고 전하자

전도에 있어서 지나치게 효율을 따지고 결과주의적인 발언을 하는 분들을 보면 한숨이 나온다. 영의 세계를 보지 못한 게 아닌가 하는 생각이 든다. 주의 자녀들이 세상 앞에서 복음을 선포하면 주님이 친히 당신의 뜻을 이루신다.

스데반은 공중 앞에서 복음을 전하고 돌에 맞아 순교했다. 그의 눈으로는 좋은 결과를 보지 못했다. 스데반의 전도의 모습은 효율 면에서는 빵점이고 결과주의적인 면에서도 낙제다. 그러나 스데반이 돌에 맞아 죽는 현장에 있었던 사울이라는 청년이 빛 가운데 임하시는 주님을 만나고, 예수를 따르는 자들을 핍박하던 자에서 예수가 하나님의 아들이심을 전파하는 자로 놀랍게 변화되었다.

사울이 바울이 된 것은 스데반의 순교의 결과이다. 그 바울은 기독교의 놀라운 진리 상아탑을 세웠으며 당시에 그가 직접 구원한 영혼도 많고 세운 교회도 많았지만 그가 쓴 서신으로 인해 기독교 2천년 역사 가운데 수십 억의 사람들이 하나님의 품으로 돌아오게 되고 수많은 교회가 세워졌다. 스데반은 비록 그 결과를 이 땅에서 보지 못했으나 그 순교의 피는 사울이라는 한 청년만 변화시킨 것이 아니라 일일이 다 나열하지 못할 정도의 놀라운 열매를 맺었다.

불특정 다수에게 복음을 선포하며 전도지를 뿌리는 것이 무슨 효과가 있겠냐고 반문하고 회의적인 마음을 가지고 있는 사람들이 많다. 믿음의 세계에서는 결과주의와 이성주의를 과감히 내려놓아야 한다. 예수님의 이름 자체에 능력이 있다. 전도자가 능력의 이름 '예수'를 외치는 그곳에 주의 생명이 나눠지고 악한 영들이 무서워 떨며 떠나가는 것을 믿자.

예배의 영성이
전도의 영성으로 나타나야 한다

하나님께서는 예배를 통해 우리에게 맑은 생수의 강을 부으신
다. 우리가 받은 생수를 그때그때 세상으로 흘려보내지 않으면 안
에서 고이게 되고 오래되면 결국 썩는다.

어느 전도자의 간증이 우리에게 경종을 울린다. 그는 복음을 통
하여 구원의 감격을 누리기 시작하면서 이웃의 한 아주머니에게
복음을 전해야 한다는 부담이 있었다. 그러나 내성적인 성격 탓에
그 아주머니에게 한 마디도 예수님을 소개하지 못한 채 그 아주머
니가 죽고 말았다. 아주머니가 죽고 나서 며칠이 지난 어느 날, 그
는 너무나 끔찍한 꿈을 꾸었다.

아주머니가 지옥불에서 고통을 당하면서 새빨간 눈으로 자기
를 노려보면서 이렇게 묻는 것이었다.

"왜 내게 예수님을 전하지 않았어요?"

그는 하나님께서 꿈을 통해 음성을 주신 것으로 확신하고 이후
자기의 내성적인 성격에 더 이상 묶여 있지 않고, 성령께서 주신
권능으로 증인된 삶을 살게 되었다고 한다.

사무엘상 17장에 나오는 다윗의 고백을 통해 하나님께서는 우리에게 중요한 사실을 계시하신다.

다윗이 사울에게 말하되 주의 종이 아버지의 양을 지킬 때에 사자나 곰이 와서 양 떼에서 새끼를 물어가면 내가 따라가서 그것을 치고 그 입에서 새끼를 건져내었고 그것이 일어나 나를 해하고자 하면 내가 그 수염을 잡고 그것을 쳐죽였나이다
삼상 17:34,35

다윗은 참된 예배자였고 동시에 야전(野戰)의 용사였다. 즉, 다윗은 야성적 영성을 소유한 예배자다. '사자나 곰'은 영혼들을 지옥으로 끌고 가려는 사단과 악한 영을 상징한다. 사자나 곰의 입에 먹혀들어가고 있는 '양'은 하나님께서 찾으시는 잃어버린 자를 상징한다. 다윗은 성실한 목자였다. 양을 잡아먹으려는 사자나 곰을 그냥 내버려두는 것은 참된 목자가 아니다. 성실한 목자는 야전의 전사다. 다윗은 사자나 곰을 치고 그 입에서 새끼를 건져냈다. 다윗의 후손인 인자가 오신 목적도 바로 그것이었다.

인자가 온 것은 잃어버린 자를 찾아 구원하려 함이니라 눅 19:10

성령충만 받은 제자들은 전도하기를 쉬지 않았으며 예수님의 이름 때문에 능욕을 받는 것을 기뻐했다.

> 사도들은 그 이름을 위하여 능욕 받는 일에 합당한 자로 여기심을 기뻐하면서 공회 앞을 떠나니라 그들이 날마다 성전에 있든지 집에 있든지 예수는 그리스도라고 가르치기와 전도하기를 그치지 아니하니라 행 5:41,42

한국에서는 다윗의 장막 회복 운동이 한창이다. 이러한 영적 분위기에서 간과해서는 안 될 것이 있다. 다윗의 장막 회복 운동은 다윗의 야성도 회복하는 것이어야 한다. 그 다윗의 야성이 바로 예수님의 영성이다. 누구의 장막인지를 놓쳐서는 안 된다. 바로 야전의 전사였던 '다윗'의 장막이다. 신랑이신 예수님을 맞이해야 하는 신부의 영성은 장막 안에서 기름부으심을 받는 것에 머무르는 것이 아니다. 그 기름을 왜 부으시는가를 생각해야 한다. 우리가 장막 안에서 그토록 원했던 성령님, 그분이 예수를 증거하는 영이시다.

> 내가 아버지께로부터 너희에게 보낼 보혜사 곧 아버지께로부터 나오시는 진리의 성령이 오실 때에 그가 나를 증언하실 것

이요 너희도 처음부터 나와 함께 있었으므로 증언하느니라
요 15:26,27

요한복음 15장 27절의 '증언하느니라'라고 번역된 것이 원문에는 'must testify(반드시 증언해야만 한다)'라고 확실하게 표현되어 있다.

수많은 예배의 현장들이 있다. 하나님의 자녀들이 장막 안에 모여서 열광적으로 찬양하며 말씀을 선포한다. 그런데 성령충만한 그 현장을 나와 집으로 돌아가는 길에 자기 옆을 지나가는 사람들의 영혼에 관심이 없는 모습들을 본다. 예배 때 그토록 찾고 사모했던 성령님이 '증거의 영'이심을 놓치고 있는 것이다.

베드로는 하나님께서 우리를 구원하신 이유가 예배자로 부르시기 위함이고 예배자로 부르신 이유는 하나님의 아름다운 덕을 선전하게 하기 위함이라고 말하고 있다.

너희도 산 돌같이 신령한 집으로 세워지고 예수 그리스도로 말미암아 하나님이 기쁘게 받으실 신령한 제사를 드릴 거룩한 제사장이 될지니라 벧전 2:5

너희는 택하신 족속이요 왕 같은 제사장들이요 거룩한 나라요

그의 소유가 된 백성이니 이는 너희를 어두운 데서 불러 내어
그의 기이한 빛에 들어가게 하신 이의 아름다운 덕을 선포하게
하려 하심이라 벧전 2:9

불신자에게 전도하는 자리가 바로 하나님을 찬양하는 자리이
다. 찬양이 무엇인가? 하나님을 칭찬하고 자랑하는 것이다. 하나
님께서는 먼저 믿은 사람들이 하나님을 모르는 이에게 가서 하나
님은 창조주이시고 구원자이시고 사랑이시라고 자랑하기를 애타
게 원하신다. 교회사를 살펴보라. 부흥의 순간마다 현장에서 성령
의 기름부으심을 받은 자들은 즉시로 나가서 전도했던 것을 알 수
있다. 예배를 통해 받은 기름부으심은 세상에 나가 복음을 전파하
는 것으로 나타나야 한다.

많은 사람들이 마지막 때에 신부의 영성으로 준비되어야 한다
고 강조한다. 신부는 교회다. 바울은 에베소서에서 교회론을 논할
때 5장의 신랑과 신부의 친밀함이란 주제로 끝맺지 않는다. 에베
소서 5장은 영적전쟁장인 6장으로 진행한다. 바울은 주의 얼굴만
구하는 친밀함을 가지고 밖에 나가서 원수들과 싸워야 함을 강조
하고 있다. 마귀가 무서워 떠는 것은 하나님과의 친밀함에 머물러
있는 자들이 아니라, 그 친밀함을 가지고 세상으로 나가서 복음을
전하는 자들이다.

바울은 에베소서 6장에서 하나님의 전신갑주를 입으라고 한다. 하나님의 전신갑주는 진리의 허리띠, 의의 흉배, 평안의 복음의 신, 믿음의 방패, 구원의 투구 그리고 성령의 검 곧 하나님의 말씀이다. 한마디로 십자가의 도(道)로 무장하라는 것이다. 진리의 중심은 십자가다. 의(義)가 이루어진 곳도 십자가다. 평안의 복음의 핵심도, 믿음의 근거도, 구원이 이루어진 곳도 십자가다. 성령의 검인 하나님의 말씀 즉, 말씀 중의 말씀이 바로 십자가의 도이다.

우리는 교회 안에서든지 세상에서든지 십자가의 말씀을 전파해야 한다. 마귀는 십자가의 말씀 선포를 가장 두려워한다. 마귀가 실패한 곳이 십자가이기 때문이다.

오직 은밀한 가운데 있는 하나님의 지혜를 말하는 것으로서 곧 감추어졌던 것인데 하나님이 우리의 영광을 위하여 만세 전에 미리 정하신 것이라 이 지혜는 이 세대의 통치자들이 한 사람도 알지 못하였나니 만일 알았더라면 영광의 주를 십자가에 못 박지 아니하였으리라 고전 2:7.8

바울은 에베소서 6장에서 하나님의 전신갑주를 입고 무시로 성령 안에서 깨어 기도하라고 하면서 다음과 같이 말을 맺는다.

또 나를 위하여 구할 것은 내게 말씀을 주사 나로 입을 열어 복음의 비밀을 담대히 알리게 하옵소서 할 것이니 이 일을 위하여 내가 쇠사슬에 매인 사신이 된 것은 나로 이 일에 당연히 할 말을 담대히 하게 하려 하심이라 엡 6:19,20

바울은 감옥에 갇혀 쇠사슬에 매인 상태에서도 복음의 비밀을 말하고 싶어 했고 당연히 해야 할 말을 담대히 하기를 원했다.

예배당과 기도의 집에서 24시간 동안 기도하고 찬양하고 예배하는 것은 참으로 귀한 일이다. 그러나 마귀가 우는 사자와 같이 한 영혼이라도 더 지옥으로 끌고 가려고 하는 이때에 하나님의 전신갑주를 입은 신부들이 장막 안에서 주의 얼굴만을 바라고 있다면 신랑되신 주님이 뭐라 하실까? 주님 다시 오실 때가 심히 가까이 다가왔다면 아가페 사랑을 받은 자로서 군사된 신부로서 한 영혼이라도 더 주님 품으로 돌아오도록 사도 바울의 영성을 가지고 전도하러 나가야 할 것이다.

마지막 때에 열방과 이스라엘을 품는 중보자와 예배자들은 참으로 귀하다. 사자나 곰으로부터 양을 잘 지켜내는 것부터 했던 다윗이 결국 나중에 나라(이스라엘)를 구한 것을 중보자들과 예배자들이 거울 삼기를 바란다. 다윗은 현실에 뿌리 내린 야성적 영성의 예배자로서 국가를 위기에서 건져냈다. 한 마리의 양을 건지는 일과 나라를 건지는 일이 연결되어 있다.

거창한 중보의 제목, 열방과 이스라엘의 회복에만 관심을 가질 것이 아니다. 일상 속에서 주님이 찾으시는 잃어버린 한 영혼을 악한 영으로부터 건지는 일에도 관심을 가져야 한다. 그러한 중보자들과 예배자들의 기도와 찬양을 주님께서 들으시고 열방과 이스라엘을 더 신속히 회복시킬 것이다.

가까운 마을에서부터 전도하신 주님이 결국 온 열방과 이스라엘을 위하여 십자가를 감당하셨다. 그 주님을 생각하자. 그 주님이 작은 일부터 충성하라 하신다.

그 주인이 이르되 잘하였도다 착하고 충성된 종아 네가 적은 일에 충성하였으매 내가 많은 것을 네게 맡기리니 네 주인의 즐거움에 참여할지어다 하고 마 25:21

작은 **자**의
삶 속에 이루신 **기적들**

"이것은 우연이 아닙니다."

청년부 설교를 할 때 삶에서 경험한 놀라운 간증들을 이야기하면서 "이것은 우연이 아닙니다"를 수없이 반복해서 생긴 별명이다. 당신이 들어본 별명 중에 가장 긴 별명인지도 모르겠다.

성령의 사람이 경험하는 일반적인 일이겠지만, 작은 자인 나의 삶 속에도 순간순간 하나님께서 이루신 놀라운 기적들이 많았다. 나는 전지전능하신 하나님께서 살아계시므로 우리 삶엔 우연이 하나도 없다고 믿어왔다. 그렇게 믿고 살기 시작한 때부터 정말 우연이라고 할 수 없는 놀라운 일들을 계속 체험했다.

하나님은 유머가 넘치신다. 어쩌면 그렇게도 크로노스의 시간 속에서 카이로스의 역사들을 재미있게 이루어가시는지…. 작은 자로서 작은 경험들을 했지만, 그런 일들을 경험할 때마다 웃음이 저절로 나온다.

나의 간증을 아주 오랜 세월 동안 들어왔던 제자가 있었다. 그 친구는 십수 년 전부터 나의 간증을 들어왔다. 어느 날 그 친구가 나에게 말했다.

"선생님, 책 내세요. 이야기가 아주 재미있어요."

그 친구의 한 마디가 나를 준비시켰다. 미래에 혹시 있게 될지도 모를 이 일을 위하여 나는 성령의 역사하심을 꼼꼼히 기록했다. 기록하는 습관은 나의 전도 멘토이신 박충남 목사님께로부터 흘러온 것이기도 하다.

고마운 분들의 얼굴이 스쳐 지나간다. 제일 먼저 아내가 떠오른다. 결혼한 지 4년째 갑자기 하나님께서 종으로 부르신다는 말을 전했을 때도, 40년 동안 닦아놓은 보금자리를 떠나 뉴욕으로 와야 했을 때도, 아무 대책 없이 섬기던 교회를 그만둬야 했을 때도, 무식하게(?) 전도 피켓을 들고 전도하러 나가겠다고 했을 때도, 언제나 "예, 그러시지요. 함께하겠어요"라고 마음을 합해준 사랑하는 아내에게 감사의 말을 전한다.

언제나 밝고 맑게 자라주며 하나님의 일을 위해 여행을 떠날 때면 내 머리에 손을 얹고 기도해주는 귀한 동역자인 사랑하는 두 딸 그리고 가장 든든한 기도의 후원자 부모님과 형님들, 형수님들 조카에게도 고마운 마음을 전한다.

7년 동안 한결같이 예수 그리스도의 인격을 보여주시며 사랑으로 양육해주시고 전도훈련을 시켜주신 박충남 목사님, 예수님을 인격적으로 만나는데 지대한 역할을 해주신 학교 선배이자 음악연구소 실장이셨던 임 선생님, 기독교적 세계관과 역사관, 선교적 마인드를 처음으로 접하게 해주신 김 장로님, 십자가의 도(道)에 눈을 뜨게 해주신 임창표 목사님과 오순절훈련원 사역자들, 한세대 신대원 은사님들께 감사를 전하고 싶다.

이스라엘을 품도록 멘토링해주신 김 선교사님, 미국을 향한 비전을 품을 수 있도록 제안을 해주신 셜리 목사님, 고립된 사역자로 머물지 않도록 이끌어주시고 중보해주시며 멘토링을 해주시는 엘리야 김 목사님과 엘리야 가족들, 동역자요 가족으로 묶어주신 한국의 '어리바리' 식구들, 든든한 기도와 물질 후원자 미가엘 성가대와 교회 죽마고우들, 성은이와 부커 목사님, 오랜 중보자 영산싱어즈 지체들, 위트니스 지체들, 현재 함께 뉴욕 맨해튼에서 열방과 이스라엘을 품고 나아가고 있는 여호사밧의 군대 청년들과 뉴욕 신우회 분들께도 감사드린다.

그 외에 지면에 담지 못할 수많은 동역자와 중보자, 후원자들께 감사드리고, 무엇보다도 십자가와 성령님에 대한 신앙을 갖도록 믿음의 저수지 역할을 해주신 조용기 목사님, 아내와의 만남을 기뻐해주신 김성혜 총장님, 국제신학연구소 연구원 시절 "구석에서

238

뭐해? 빨리 목사되어야지…" 하시며 나의 미래를 예측하시고 권면해주시던 이영훈 목사님께 감사드린다.

끝으로 제일 사랑하고 존경하는 분이며 내 존재의 이유가 되시고 영원 전부터 지금까지 나를 지혜와 사랑과 평강으로 도우시고, 힘 주시고, 지혜 주시고, 인도하시는 성령님께 감사드린다.

나는 뉴욕의 거리 전도자

초판 1쇄 발행   2010년 10월 29일
초판 11쇄 발행   2017년 3월 30일

지은이   지용훈

펴낸이   여진구
책임편집   김아진
편집   안수경, 이영주, 최현수
책임디자인   이혜영, 마영애, 노지현
기획·홍보   김영하   해외저작권   기은혜
마케팅   김상순, 강성민, 허병용   마케팅지원   최영배, 정나영
제작   조영석, 정도봉   경영지원   김혜경, 김경희

이슬비전도학교   최경식, 전우순   303비전성경암송학교   박정숙
303비전장학회 & 303비전꿈나무장학회   여운하

펴낸곳   규장

주소   06770 서울시 서초구 매헌로 16길 20(양재2동) 규장선교센터
전화   02)578-0003   팩스   02)578-7332
이메일   kyujang0691@gmail.com   홈페이지   www.kyujang.com
트위터   twitter.com/_kyujang   페이스북   facebook.com/kyujangbook
등록일   1978.8.14. 제1-22

책값 뒤표지에 있습니다.
ISBN 978-89-6097-183-7 03230

규 | 장 | 수 | 칙

1. 기도로 기획하고 기도로 제작한다.
2. 오직 그리스도의 성품을 사모하는 독자가 원하고 필요로 하는 책만을 출판한다.
3. 한 활자 한 문장에 온 정성을 쏟는다.
4. 성실과 정화를 생명으로 삼고 일한다.
5. 긍정적이며 적극적인 신앙과 신행일치에의 안내자의 사명을 다한다.
6. 충고와 조언을 항상 감사로 경청한다.
7. 지상목표는 문서선교에 있다.

하나님을 사랑하는 자 곧 그의 뜻대로 부르심을 입은 자들에게는 모든 것이 合力하여 善을 이루느니라(롬 8:28)

규장은 문서를 통해 복음전파와 신앙교육에 주력하는 국제적 출판사들의
협의체인 복음주의출판협회(E.C.P.A.Evangelical Christian Publishers
Association)의 출판정신에 동참하는 회원(Associate Member)입니다.